ユートピアの崩壊
ナウル共和国

世界一裕福な島国が最貧国に転落するまで

リュック・フォリエ［著］
林 昌宏［訳］

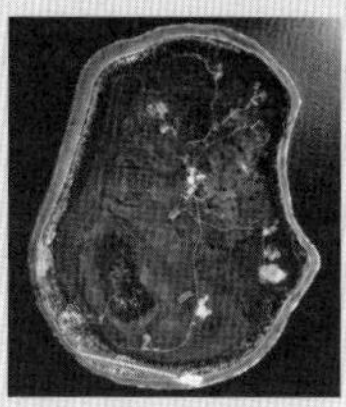

新泉社

Luc FOLLIET
"NAURU, L'ÎLE DÉVASTÉE:
Comment la civilisation capitaliste
a détruit le pays le plus riche du monde"

This book is published in Japan by arrangement with La Découverte
through le Bureau des Copyrights Français, Tokyo.

ナウルへ旅立つ前に、父は私に言った。「自分の目で確かめてこい」と。

はじめに

南緯〇度三二分、東経一六六度五五分、オーストラリアの北東に位置するナウル。「北東」とはいっても、広い太平洋においてはピンとこないかもしれない。オーストラリアのブリスベンから三五〇〇キロ、パプアニューギニアの海岸から二〇〇〇キロ。キリバス、マーシャル諸島、ソロモン諸島、ツバルの島々に取り囲まれた太平洋に浮かぶ島国である。

ナウルはオセアニアに浮かぶこうした島々の一つであり、世界地図を眺めると、青い海のなかに「ナウル」と表記してある。地図の隅のほうである。太平洋の真ん中に浮かぶ面積二一平方キロ〔全周およそ一九キロ〕の孤島は、小学生が使う世界地図では、表示するには小さすぎる。ナウル、それは世界の果てに位置する。

ナウル共和国は地球上で最も小さな独立国である〔バチカン市国とモナコ公国を除く。国連加盟国としてはモナコ公国に次いで二番目に小さい国土面積〕。人口は一万人弱〔統計によって、九三〇〇人程度とするものから一万四〇〇〇人程度とするものまでかなりの幅がある〕。歴史の浅い国とはいうものの、ナウルの歴史は、西洋史とは大きく異なる。しかしながら、独立国ナウルは鉛のように重たい過去を背負っているのだ。

　太古の昔からナウルは、北半球と南半球を季節ごとに行き交う渡り鳥のすみかであった。ナウルの人々が言うように、「鳥の糞」がナウルの評判を高めた。鳥の糞によってリン鉱石が出来上がったと考えられている。鳥の糞と死骸が混ざり合ったグアノ〔離島のサンゴ礁に鳥の糞などが長期間堆積して化石化したもの。肥料の原料となる〕が、島の土壌やサンゴ礁と混ざり合ったという。こうして時間の経過とともに、ナウルの地下には莫大なリン鉱石が形成されたのである。

ナウルの象徴たるグンカンドリ.
ナウルの人々は，グンカンドリをこの世とあの世を行き来する使者と考え，大切に扱っている.
長年にわたってナウルにグアノ，すなわちリン鉱石をもたらした"糞"の使者といわれているアホウドリは今では絶滅危惧種である.

　オーストラリアのある弁護士は、ナウルについてかつて次のように語った。

「ナウルとは、鳥の糞でできた島であり、糞の匂いがする糞ったれな島である。だが、商売っ気がある者ならば、この国を相手にガッポリと儲けることができることに、すぐに気づくであろう」（＊1）

　一九七〇年代に、カナダの哲学者ハーバート・マーシャル・マクルーハン（Herbert Marshall McLuhan）は、情報伝達技術の飛躍的な発展にともない、地球を「グローバル・ヴィレッジ」と表現した。ナウルは、文字どおりのグローバル・ヴィレッジ（村）といえるかもしれない。パリ市の区よりもほんの少し大きいほどの島には、グローバリゼーションによる消し去ることのできない痕跡が残されている。世界の果てに位置するナウルは、あたかも世界の栄華と惨禍がひしめく十字路のようである。だが、国際市場の見えざる手は、われわれの社会のあらゆる悪をこの小さな国に押し込めてしまったかのようだ。ナウルはグローバリゼーションの正体を知るうえでの野外実験場といった様相を呈している。

ナウルの歴史は、作り話のようでもあり、寓話のたぐいのようでもある。だが、それは純然たる事実なのだ。

註

＊1　Édouard Chambost, *Guide Chambost des paradis fiscaux*, Favre, Lausanne, 2005, p.350.

ユートピアの崩壊　ナウル共和国——世界一裕福な島国が最貧国に転落するまで◉目次

NAURU
PHOSPHATE SHIPMENTS 1907-1982

NAURU
10c
PHOSPHATE SHIPMENTS 1907-1982

NAURU
60c
PHOSPHATE SHIPMENTS 1907-1982

NAURU
30c
PHOSPHATE SHIPMENTS 1907-1982

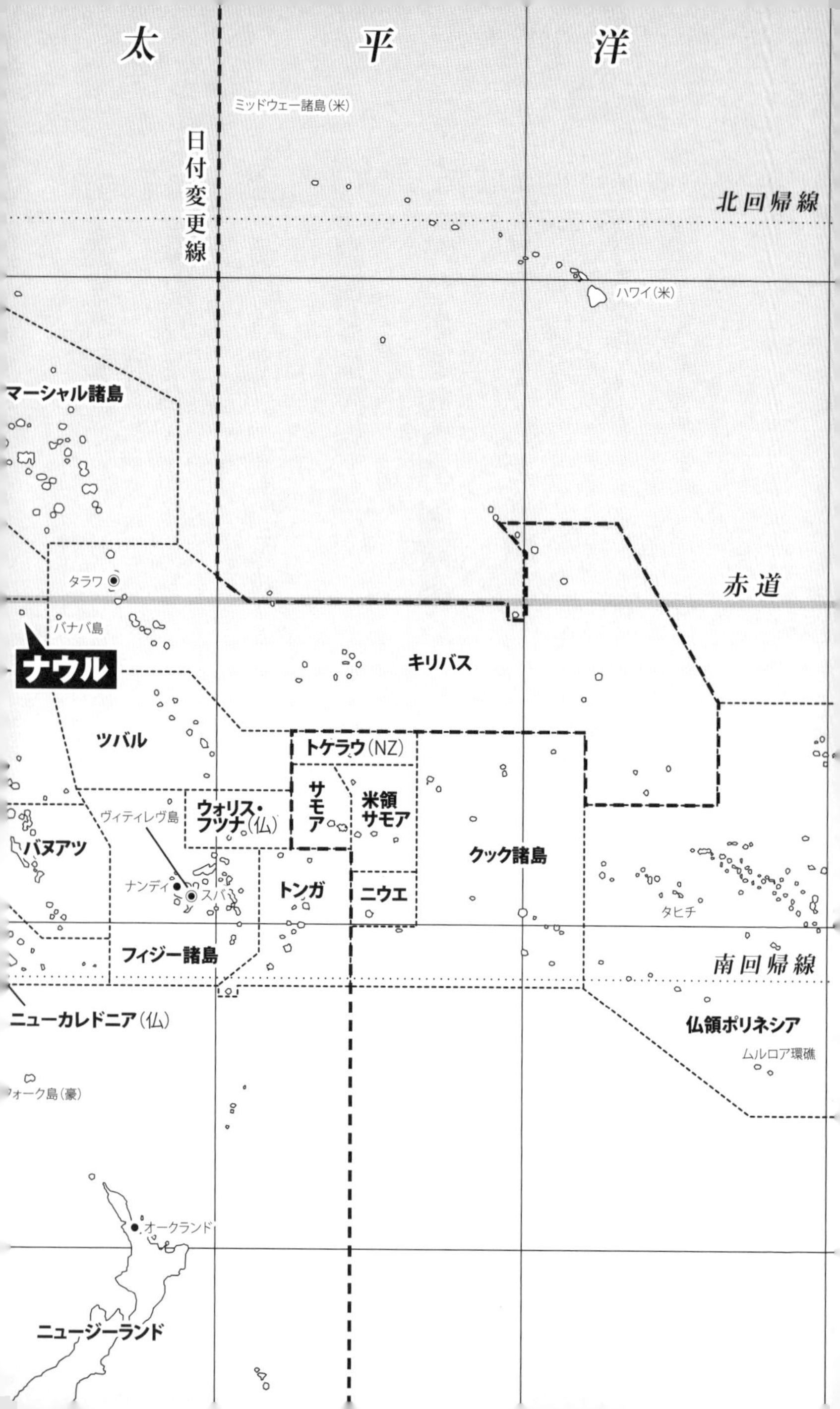
太
平
洋
ミッドウェー諸島（米）
日付変更線
北回帰線
ハワイ（米）
マーシャル諸島
タラワ
赤道
バナバ島
ナウル
キリバス
ツバル
トケラウ（NZ）
サモア
米領サモア
ウォリス・フツナ（仏）
ヴィティレヴ島
バヌアツ
クック諸島
ナンディ
スバ
トンガ
ニウエ
タヒチ
フィジー諸島
南回帰線
ニューカレドニア（仏）
仏領ポリネシア
ムルロア環礁
ノーフォーク島（豪）
オークランド
ニュージーランド

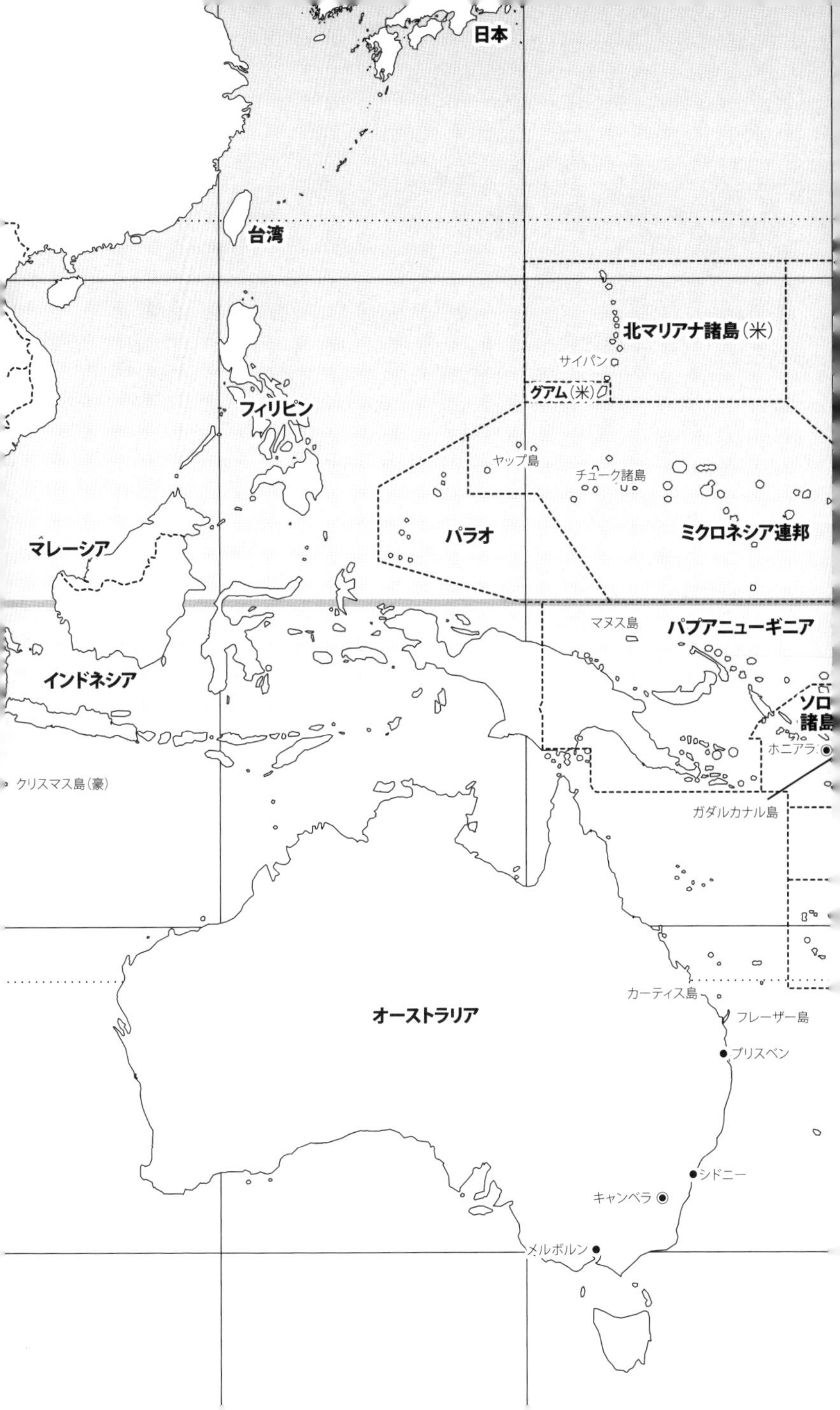
日本
台湾
北マリアナ諸島（米）
サイパン
グアム（米）
フィリピン
ヤップ島
チューク諸島
パラオ
ミクロネシア連邦
マレーシア
マヌス島
パプアニューギニア
ソロ
諸島
ホニアラ
インドネシア
クリスマス島（豪）
ガダルカナル島
カーティス島
オーストラリア
フレーザー島
ブリスベン
シドニー
キャンベラ
メルボルン

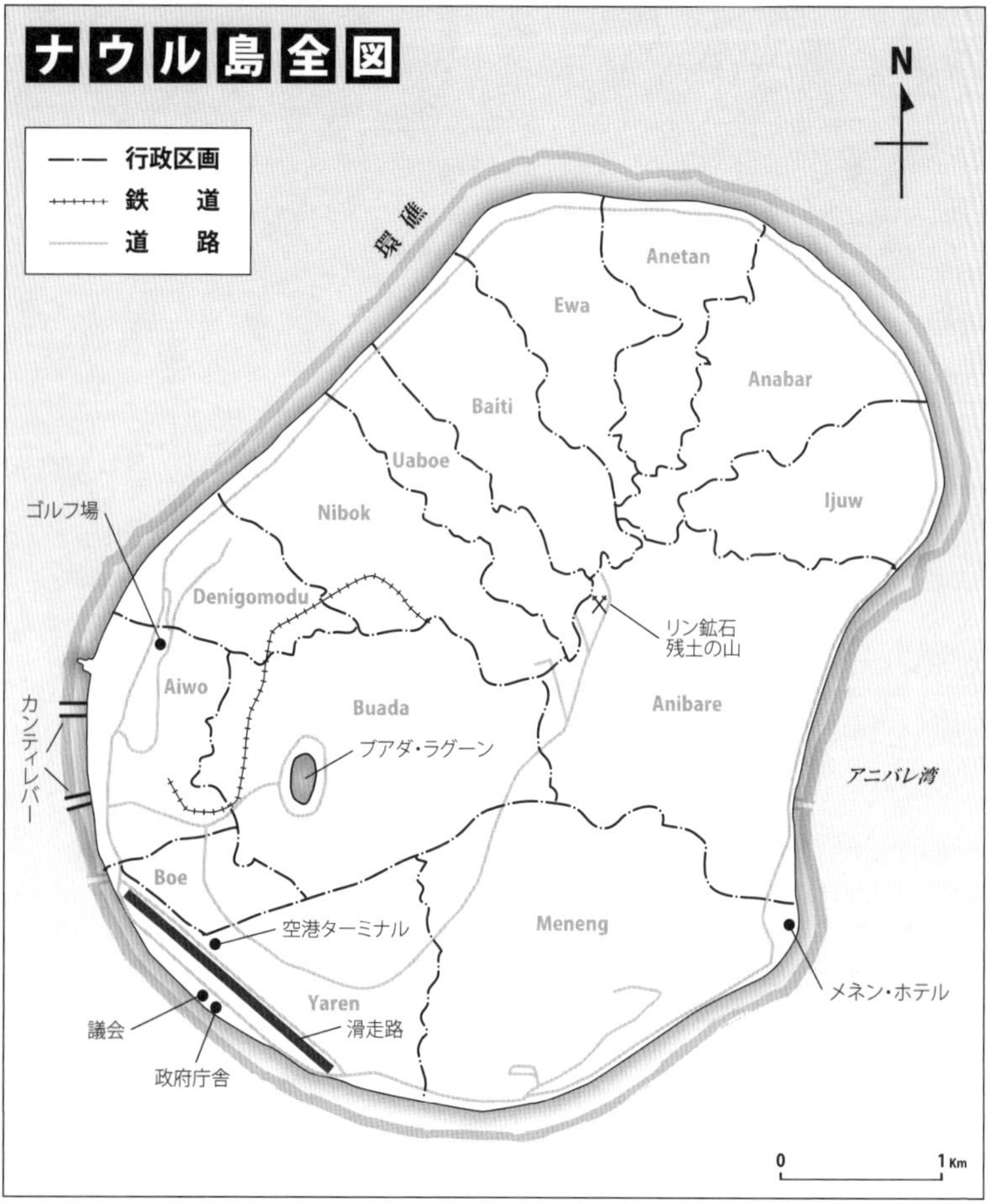
ナウル島全図
N
行政区画
鉄　道
道　路
環礁
Anetan
Ewa
Anabar
Baiti
Uaboe
Ijuw
Nibok
ゴルフ場
Denigomodu
リン鉱石
残土の山
Aiwo
Buada
Anibare
カンティレバー
ブアダ・ラグーン
アニバレ湾
Boe
Meneng
空港ターミナル
メネン・ホテル
Yaren
議会
滑走路
政府庁舎
0
1 Km

◉装　幀
犬塚勝一

◉地図制作
稲葉一徳

◉写真提供
国際機関 太平洋諸島センター

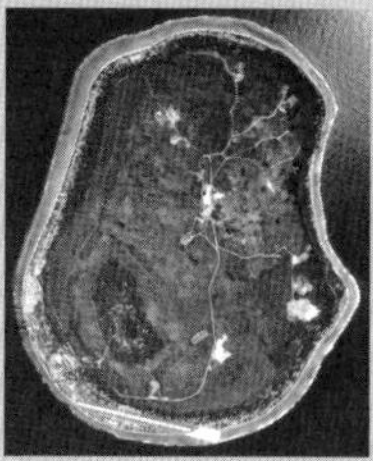

プロローグ

廃墟と化した島国

でこぼこの道を四時間も走り続けている。

「大丈夫、この道を突っ走れば、ナンディに着くよ」

ハンドルを握ったタクシー運転手のラジャは言った。夜になり、あたり一面が暗闇となる。タクシーのヘッドライトでは、一〇メートル先くらいまでしか見えない。フィジー諸島の本島であるヴィティレヴ島で、かれこれ四時間もタクシーを走らせているが、一五〇キロほど進むのがやっとである。道路にはあちこちに溝があり、子どもたちが突然、車の前に飛び出してくる。インド系の運転手ラジャは、やきもきしている。

「このあたりに監視ゲートがあるはずなんだが……。開閉バーが閉まっていると思うんだけど、監視所に明かりが灯っていないから、寸前にならないとわからないんだよ。間違えて開閉バーにぶつけて車を傷つけたくないんだよ」

ところがその晩、警察官は監視所で深い眠りについていた。開閉バーは開いており、フリーパスの状態であった。ラジャとの会話は、フィジーの国民的スポーツであるラグビーへと移った。

「違うよ、フィジーの国民的スポーツはクリケットだよ。フィジーではクリケットこそがスポーツの王者だ。インド系社会ではクリケット、メラネシア人はラグビー。俺たちインド系はクリケットさ〔フィジーでは、イギリスが植民地統治時代に強制入植させたインド系住民と先住民との間で対立がみられる〕。おい、あんたわかるか。この違いは重要なんだよ」

ラジャはしばらく押し黙った後、タイミングを見計らって、ふたたびしゃべり始めた。

「なぜ、フィジーでしょっちゅうクーデターが起こるのか、わかっただろう」

政変の原因が、クリケットとラグビーにでもあるというのか。フィジー社会に存在する敵意は、単にスポーツをめぐって拡大するだけでなく、政治的次元にまで達しているらしい。ラジャによると、「クーデターで俺たちが権力を握り、次のクーデターで奴らが権力を奪い返す」ということのようだ。

「ナウルって、どこですか?」

ナウル行きのチケットを手配するのは一苦労である。旅行会社の女性が聞き返してくる。

「ナウルという国は、本当に存在するんですか?」

「もちろんです。綴りはN‐A‐U‐R‐Uで、航空会社はエア・ナウルです」

フランスからナウルへは三日と半日を要する。飛行機を乗り継ぎ、タクシーに乗り、空港で時間を費やすこと三日半である。この大移動における唯一の利点は、目的地に向かいながらにして時差ボケを解消できるということだろうか。三日半の間に、体調もなじんでくる。また大移動の疲れもあってか、目的地に到着した途端、ぐっすりと眠ることができる。

パリからシドニーまでは飛行機で二二時間。続いてフィジー諸島の本島であるヴィティレヴ島まで六時間。ところが奇妙なことに、フィジー国際空港は、首都スバではなく、島の北西に位置するナンディにある。ナウル行きの便は、毎週木曜日の朝五時三〇分発である。この便に搭乗するために、私はインド系運転手ラジャのタクシーに揺られてフィジーの暗闇をさまよったのである。

ナンディのメイン・ストリートには、さまざまなホテル・チェーンが建ち並んでいた。この街に国際空港がある理由はすぐにわかった。アメリカ人の団体旅行者をはじめ、欧米諸国の観光客がビーチ目当てに大挙して訪れるからだ。フィジー北西の沿岸部海域には、アイランド型のホテル・リゾートもあるという。所有機材一機のエア・ナウルは、この空港と太平洋北部を結んでいる。アメリカ系の航空会社などがこの空港を利用しているが、エア・ナウルに割り当てられた時間はなんと朝五時三〇分である。

朝五時五〇分。エア・ナウルのチェックイン・カウンターには、どうしたことか誰もいない。

早朝で人気《ひとけ》のない空港内には、なんの掲示もない。時間が経つにつれ、空港内には人が増えてきた。エアコンの効いたミニバスから旅行者がぞろぞろと降りてくる。ウクレレを手に、フィジーの民族衣装を着た楽団員が空港に現れ、店舗の並ぶ通路を陣取ったかと思うと、彼らは底抜けに明るいメラネシアの曲を歌って観光客を楽しませている。

エア・ナウルのボーイング 737 型機.
国家財政の逼迫を受けて使用機材を次々に売却し，最後の 1 機も 2005 年に債権者に差し押さえられ，運行を停止した.

一四時になり、ようやく満席となった飛行機は、ついに離陸体制に入った。キリバスを経由することから、エア・ナウルの機内にはキリバスの住人もたくさん搭乗している。座席の下には段ボールに箱詰めされたＤＶＤプレーヤーが、手荷物入れにはＣＤプレーヤーが所狭しに置かれる。機体の最後列から四列目までは空席で、壊れやすい貴重品の保管場所である。布製の幅広なバンドでこうした荷物が固定される。客室乗務員の女性は両手で段ボールを抱えて忙しそうに機内を往復し、座席の間に手荷物を懸命に押し込む。荷物入れも食料品や医薬品の段ボール箱で満載状態である。ボーイング737型のエア・ナウル機は、旅客輸送と同時に貨物機の役割も果たしているのだ。

私の隣の席に座る人物は、こうした騒動にも平然としている。読書に没頭するこのソロモン諸島出身の五十代の紳士は、ときおり本から眼を離すと、欲得の渦巻く機内の風景を面白そうに眺めている。

「キリバスの連中はあまり自分たちの島から離れないが、彼らが旅行するとすれば、親類に会うためにオーストラリアへ行く場合がほとんどだよ。そのついでにショッピングに明け暮れるというわけだ」

と私に解説してくれた。これからさらに飛行機で六時間、ナンディ→タラワ（キリバス）→ナウルと、私は蚤《のみ》がジャンプするように太平洋上を旅することになる。隣の紳士は、運がよければ、私よりさらに二時間の空の旅でソロモン諸島に到着することになっている。

飛行機はまもなくタラワに到着する。着陸体制に入った飛行機は、機体を滑走路の中心に持っていくためにキリバス諸島の上空を何度も旋回する。機上から眺めると、帯状で薄っぺらなキリバス諸島は、腹の減った海に舐めまわされているかのようである。空港の滑走路は、ヤシの並木と芝生の上でサッカーに興じる子どもたちの間にある。タラワに到着すると、キリバス人の集団がいっせいに降りていく。乗降時間はたったの三〇分であり、機内には二〇人ほどしか残らない。

パイロットの機内アナウンスが入る。

「当機はまもなく離陸します。皆様、後部座席に移動してください」

全員が機長の指示に従う。私はまたしてもソロモン諸島出身の紳士の横に座る。奇妙な指示に驚いていた私に、彼はニヤッとして次のように説明した。

上空から見たナウル.

リン鉱石の採掘跡が島じゅうに広がっているのが見える.

「滑走路が短いからだよ。全員後ろに座れば、離陸しやすいというわけだ」

飛行機は一路、ナウルをめざす。

離陸してから一時間半が経過すると、いよいよナウルに向けて着陸体制に入る。客室乗務員がシートベルトの着用をチェックしてまわる。機内の窓からは、陸地はまったく見えない。海に滑走路でもあるのだろうか。上空一〇〇メートルにまで下降した時点で、ようやく島の中央台地が見えてきた。ナウルはちゃんと実在するのだ。

私がナウルを〝発見〟したのは、一〇歳のときであった。地図帳で太平洋に浮かぶ夢の島を探していたのである。そしてその一六年後、ついに私は実際にその島に降り立ったのだ。赤道から四〇キロ南に位置する太平洋上の孤島ナウルの中心地、ヤレン地区に到着である〔島国ナウルに地方自治体は存在せず、あくまで行政区画上の「地区」というかたちになる〕。

じつに長旅であった。三四時間飛行機に乗り、空港での待ち時間、さらにはタクシー、ナンディでのアメリカ人の団体旅行者……。到着するとさわやかな夕日であったが、息もできないほど蒸し暑い。ナウルに四季はなく、気温は年中ほとんど同じ。夜は三〇度、日中は四〇度である。

ナウルでの初日を案内してくれるレジ・オルソン（Lesi Olsson）が私を待っていた。飛行機に預けた荷物が乗り継ぎ地で紛失したため、とりあえずの身のまわりの品を買うために、ナウル人の彼に中国人が経営する雑貨屋に連れて行ってもらった。

翌日、ビシッとめかしこんだ格好で現れたレジは、「島を案内しようか」と誘ってくれた。ナウルにはたった一本しか道路がない。アスファルト舗装の道路が沿岸部分に島をぐるっと囲んでいるだけだ。車で島を一周するにはおよそ三〇分である。道路沿いの右手には、ベニヤ板とトタン板でできたボロボロの民家がある。建築を途中で中断してしまったような家もある。左手には海が見える。ヤシの木、白い砂浜、真っ青な海、まさに映画の世界である。道路を走っている車は、一九九〇年代製の錆びた小型トラックばかりである。ハンドルを握るレジは、行き交う車のドライバーに眉毛《まゆげ》をあげて器用に挨拶している。ふたたび彼の自宅の前を通り過

ナウル国際空港.

空港は，ナウルの実質的な首都「ヤレン地区」にある.

島の外周道路.

島の中央部，ブアダ地区にあるラグーン（礁湖）．

ぎるが、通過する。

「ナウル人は島を周回するのが好きなのさ。仕事や単なる暇つぶしで、一日に五回も六回もまわるんだ。週末には島じゅうのみんながドライブするのさ。若者なんかはグルグルまわっているよ」

三周目に入ったところで、レジは島の内陸部に向かう細い道へとハンドルを切った。

「ブアダ地区にある礁湖（ラグーン）に案内するよ。この島で一番美しいところなんだ」

われわれは三〇〇メートル先にある湖まで下って行った。湖はくすんだ色をしていた。周辺は草木が生い茂り、空気がひんやりとして気持ちよかった。家がいくつか建ち並んでいたが、礁湖の周辺の木で見え隠れしていた。これらの家も時間とともにかなり傷んでいた。家の脇にはプラスチック製の大きな緑色の樽が置いてある。レジは言った。

「水がめだよ。海水を真水にする淡水化工場の操業がストップして以来、雨水を集めているのさ。今朝、自分の水がめを覗いたら、ほとんど水がなくってしまっていてさ。早く雨が降ってくれないかな。もう三週間近くも雨が降ってないんだよ」

われわれが車で礁湖を二周する間に、反対車線を走る同じ車と何度かすれ違った。

突然、レジはシビックセンターの前で車を停めた。一九七〇年代特有の建物で、外壁がはがれ落ちていた。ナウル銀行をはじめとして、おもな政府機関がこの建物のなかに入っている。

ペンキがはげたナウル銀行の看板.

銀行や郵便局などがあるシビックセンター.

エアコンの効いた建物のなかは大勢の人がいる。エアコンの効きすぎで寒いくらいだが、親しみを感じる雰囲気だ。ほとんどが女性である。床に座っている者や、輪を組んでおしゃべりに興じる者。みんな辛抱強く待っていた。
「今日は特別に銀行が開いている日なんだよ。君はオーストラリアでたくさん両替してきたよね〔ナウルの通貨はオーストラリア・ドル〕。この島の銀行は、今日のような支払い日にしか現金がないんだ。ナウル人の大半は公務員で、給料の不払いが数カ月も続いている。すべての公務員に給料をきちんと支払うと、政府は約束したばかりなのに……。政府にはおカネがないのさ」

「で、給料はいくらなの？」

「二週間で一四〇オーストラリア・ドルだ〔オーストラリアの物価では、五〇〇ミリリットルのミネラルウォーターがおよそ一・五ドル〕。大統領、家政婦、僕も、公務員全員が同じ額だよ」

「君はここで働いているの？」

「そうだよ。僕は公務員だよ。僕の職務は、国外にある国家資産を管理するアイゴーグ・ホールディングの経営さ。信じられないかもしれないけれど、ナウルにもまだ海外資産があるんだよ。ところで悪いんだけど、二時間ほど君を一人にしてもいいかな。ルドウィグ・スコッティ(Ludwig Scotty)大統領や閣僚との会合があるんだ。夜になったらまた君を迎えに行くよ。うちの近所の連中と釣りに行かないか」

その晩、昼間の猛暑がおさまると、人々は外出し始めたが、レジは現れなかった。その代わりに、英語がほとんどできない初老のおとなしい婦人が私を訪ねてきた。彼女はレジの母親だという。

「息子からの伝言です。ガソリンがなくなってしまったので、行けなくなったと言っています。島にあったガソリンは使い果たしてしまったそうよ」

彼女によると、彼らは魚がたくさん釣れる島の東部に行くつもりであったらしい。

「魚が釣れれば、みんなで分け合って、晩ご飯が食べられたのに……」

政府の要職に就くレジは、家族を養うために釣りに出かけるのである。数週間前にガソリン

ガソリンスタンドの店頭.
ガソリンの在庫がなくなってしまったことを告げる看板が見える.

商品棚がほとんど空っぽの公営スーパー.
著者が訪問した 2005 年は，リン鉱山開発がほぼ停止し，歳入がほとんどなく，ナウルがサバイバルに最も苦しんだ時期にあたる.
この頃，ナウル人たちは夜になると，家族のために魚釣りに出かけていた.

スタンドからガソリンが一滴もなくなった国。おカネのない銀行。三〇年前には、おカネがじゃぶじゃぶ入ってきた国。二〇〇五年には、島にあるすべてが廃墟と化し、打ち捨てられてしまっていた。

I

リン鉱石の発見

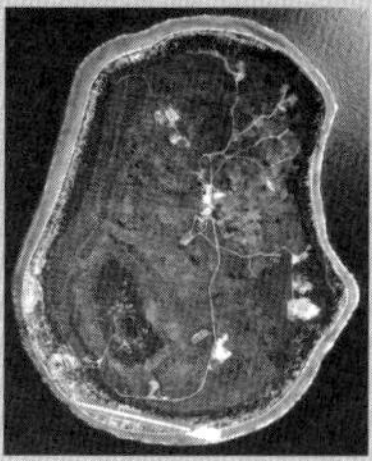

ナウルの語源は定かではない。一九〇九年に島を訪れたドイツの考古学者ポール・ハンブルッフ(Paul Hambruch)によると、「Naoero(現地語でナウル)」は「a-nuau-a-a-ororo」という文章を縮めたものであり、これは「私はビーチに行く」という意味だそうだ。

島の起源についてもよくわかっていない。一二の部族が島を統治していたようだ。二〇〇五年にナウルの産業大臣であったフレディ・ピッチャー(Freddy Pitcher)も、「たしかに、われわれの祖先がどこからやってきたのかは、よくわかっていない」と語っている。

「しかし、われわれの顔つきや切れ長の目からすると、おそらくアジア系なんじゃないかな。私たちの祖先は丸木舟で、アジア、マレーシア、フィリピンあたりから来たんだと思う。われわれの体格はトンガやサモアの人々と同じだ。長いときを経てこうした人種が混ざり合ってナウル人が出来上がったに違いない」

一六世紀の大航海時代には、ナウルの近辺にも探検隊が訪れた。バスコ・ヌーニェス・デ・バルボア(Vasco Núñez de Balboa)は、パナマ海峡を経由して一五一三年に太平洋を探検した最初のヨーロッパ人である。しかし、この小さな島に船が訪れるのは、それから二世紀半が経ってからのことである。

一七九八年一一月八日、イギリス人ジョン・ファーン（John Fern）船長率いる捕鯨船ハンター号がナウルに接近した。すぐに数隻のカヌーが偵察にやってきた。驚いたハンター号の乗組員は船から離れず、ナウル人も小舟に乗ったままであった（＊1）。だが、ナウル人からは、敵意はまったく感じられなかったという。これこそナウル人とのファースト・コンタクトである。ポリネシア諸島に滞在経験のあったジョン・ファーンは、ナウル島民の体に、ポリネシア人のようなイレズミがないことに気づいた。数百人のナウル人がイギリス船の後をついてきた。このファースト・コンタクトに感動したイギリス人船長は、この島を「プレザント・アイランド（快適な島 Pleasant Island）」と命名した。この島は、おそらく数十年の間、他のヨーロッパ人とコンタクトを持つことがなかったと思われる。

一九世紀中頃、大英帝国はオセアニアを植民地化した。オーストラリアやニュージーランドをはじめとして、イギリス帝国はあらゆる地域で君臨し、世界中にユニオン・ジャックがはためいた。水兵などのなかには、太平洋に浮かぶ島々の美しさ、気楽な生活、先住民の姿に魅了される者も現れた。ロビンソン・クルーソーのように、彼らは船から早々と抜け出し、孤島での生活スタイルに慣れ、おもに釣りで食料を得ていた。こうした浜で暮らすよそ者の浮浪者「ビーチコンバー（beachcomber）」（＊2）のなかには、イギリス当局が自国の凶悪犯の流刑に処した地であるオセアニアの流刑地から脱獄してきた者もいた。

ナウルで暮らした最初のヨーロッパ人は、こうした流刑地のなかでも最も有名なオーストラリア東部に位置するノーフォーク島からの脱獄者であった。彼らパトリック・バーク（Patrick Burke）とジョン・ジョーンズ（John Jones）という二人のアイルランド人は、一八三〇年にナウルにやってきた。その後、ナウルの快適さを聞きつけたビーチコンバーが彼らに加わった。一八三七年、新たに五人のビーチコンバーが加わったが、彼らは身ぐるみはがされて、岸に近づいてきた最初の船を目にするや、島から逃げ出したそうだ。

次第にジョン・ジョーンズが島の独裁者となり、彼は先住民を指先の合図や目配せだけで動かした。一八四一年一〇月、彼はビーチコンバー七名を毒殺、四名を殺害したが、これらをナウル人の仕業に見せかけた。怒ったナウルの人々は、このアイルランド人を島から強制的に追い出し、三〇〇キロ東にあるバナバ島に追いやったという。

ビーチコンバー全員がジョーンズのような悪党であったわけではない。一八四五年には、島にはまだ二人のヨーロッパ人が暮らしていた。その一人がウィリアム・ハリス（William Harris）で、彼もまたノーフォーク島からの脱獄者であった。現地の暮らしにすっかり溶け込んだ彼は、ナウルの先住民と結婚して七人の子どもをもうけた。その後、ハリスはナウルとヨーロッパとの橋渡し役となり、とくにナウルの調査に来た船会社の窓口となった。

一九世紀、ナウルはまだヤシの木に覆われた島であった。ヨーロッパ人とナウル人は、ココヤシの果実の胚乳を乾燥させたコプラを商品化し始めた。これは島の基本食料であったが、新たな味覚としてヨーロッパ人の興味を引いていた。島の先住民と貿易するために船がたくさん来るようになった。

しかし、ヨーロッパでは、しばらくの間、ナウルの評判は最悪であった。というのは、一八五二年に大砲の購入をめぐってもめた末、ナウルの島民はアメリカの軍艦インダ号を拿捕し、船長や乗組員七名を殺害したからである。「野蛮人が暮らす物騒な島」との評判が立ったことから、数年の間、ナウル沖合に停泊する船はなかった。アルコールによる被害も拡大した。それまでナウル人はトディと呼ばれるアルコール度の低いココヤシの実をベースとしたリキュールを飲んでいたのだが、近くのバナバ島の島民がナウルにアルコール度の強いトディのカクテルの作り方を教えたという(*3)。彼らがナウルの島民にこのリキュールを発酵させる方法を伝授したことから、ナウルの島民はアルコール度の強い酒の味を覚えたのである。こうして島民は酔っ払いとなり、状況は悪化した。

一八七〇年代末、結婚式の席で、酔っ払った招待客が若い料理人を撃ち殺した。当時、多くの武器が島に出まわっていた。ヨーロッパ人はもう島にはいなかったが、拳銃や鉄砲を置いていったという。この惨事がきっかけとなって、この小さな島で部族間の紛争が勃発し、一〇年近く継続した。部族間の争いは激化した。ウィリアム・ハリスは、ナウルにやってくる船の船長らの支援を取りつけ、何度も紛争の解決にあたった。島からは活気が失せた。

一八九六年、ナウルに停泊した船の船長ヘンリー・デンソン（Henry Denson）が、化石化した木のような奇妙な石を手に入れた。パシフィック・アイランド・カンパニーに勤務する彼は、これをシドニーの本社に持ち込んだ。この石は彼の事務所の床に数年間、無造作に放置されていた。三年後の一八九九年、同じくパシフィック・アイランド・カンパニーに勤務するアルバート・エリス（Albert Ellis）の目にとまり、エリスはデンソンにこの石を分析したいから貸してほしいと申し出た。すると、なんとほぼ純粋なリン鉱石であったことが判明した。ちょっと伝説めいたこの発見の物語の背後では、リン鉱石とナウルの人々の運命が決定されたといえよう。

アルバート・エリスはオセアニアでリン鉱石を血眼《ちまなこ》になって探していた。パシフィック・アイランド・カンパニーはリン鉱石の鉱脈をいくつか開発していたが、土壌がやせているイギリスの自治領オーストラリアにとっては、充分な量ではなかった。オーストラリアの農業には肥料が必要であったことから、化学肥料の主要な原料となるリンが欲しかったのである。純度の高いリン鉱石のナウルでの発見は、状況を一変させた。これはオーストラリアにとっても、ナウルにとっても事情は同じであった。

ナウルは一八八八年四月にドイツ領となっていた。この時期、ヨーロッパでは工業が勃興し、新たな市場が生まれたことから、ヨーロッパの帝国諸国はオセアニアに探査に出かけていた。そこで植民地をめぐって、帝国同士がいがみ合った。なんとしても一次産品を手に入れたかったのである。新たに手を組んだイギリスとドイツは、太平洋におけるお互いの縄張りの取り決めに合意した。

1896年に撮影されたナウルの村の様子.

グンカンドリと島民.

花や貝殻，魚の装束を身につけた踊り子たち.
1910年代の祭事の一コマ.

だが、ナウルをめぐっては厄介な問題があった。ナウルのコプラを扱う商社であるヤルート会社（Jaluit Gesellschaft）を国策企業とするドイツは、イギリスとの合意には至ったが、コプラ貿易の障害となるナウル人同士のくすぶった関係を解きほぐす必要があった。ドイツはナウルに武力介入したが、紛争は続いた。一八八八年一〇月一日、ドイツの装甲艦エーベルト号は三六名の兵隊を島に送り込んだ。まだ健在であったビーチコンバーのウィリアム・ハリスの仲介により、一二名の部族長たちを集め、今後この島はドイツの監督下に入ることを彼らに説明した。ドイツがナウルの平和を約束する代わりに、部族間の殺し合いやいざこざをやめるように説いた。部族の長たちには、選択肢はなかった。彼らは島からいざこざが完全になくなるまで拘留されることになったのである。一八八八年一〇月三日の朝、七六五個の武器がドイツ人のもとに返却された。平和が訪れた。ナウルの自壊を、ドイツが救ったのである。

リン鉱石の採掘は一九〇七年から始まった。パシフィック・アイランド・カンパニーから社名を改めた「パシフィック・フォスフェート（リン鉱石 phosphate）・カンパニー」、そしてドイツ政府、イギリス政府、ナウルを支配していたヤルート会社など、関係者にとって、交渉は長く複雑なものであった。イギリス企業パシフィック・フォスフェート・カンパニーは、この発見を内密にしておきたかった。というのは、競争相手がこれに気づくと、裏工作がさらにややこしくなるからであった。結局、パシフィック・フォスフェート・カンパニーは、ヤルート会社に毎年権利金を支払うことで鉱山の唯一の開発業者となった。一方、ヤルート会社側では、ドイツ当局がナウル人の地主に地代を支払うことになったが、パシフィック・フォスフェー

左：ヤシの木に囲まれた伝統的な村の様子.
右：グンカンドリとともに写真におさまる村の長老.

左：可憐な少女たち.
右：精悍な顔立ちの青年たち.

ト・カンパニーの儲けからすれば、まったくもって取るに足らない額であった。

二〇世紀初頭のうちに、ナウルは誰もが儲かる露天掘り鉱山となった。採掘権を独占したイギリス。ナウルの支配者の座に居座り続けながらイギリスのおこぼれを頂戴するドイツ。一方、ナウル人はリン鉱石の販売から生じる恩恵にあずかることがなかったとしても、採掘現場の労働力として駆り出されることはなく、今までどおりの暮らしを維持することができた。採掘現場の労働力は、おもに中国からの移民であった。


一九一四年に第一次世界大戦が始まると、イギリスとドイツの良好な関係に終止符が打たれた。ナウルから二万キロ離れた地球の裏側で溝が広がったとき、オーストラリア軍は島を占領した〔一九一四年一一月〕。四年後にはヴェルサイユ条約が締結され〔一九一九年六月〕、ドイツは太平洋の植民地を失った。ナウルはまたしても「売り地」となったのである。買い手は殺到した。戦禍を被った国々は、自国の産業と農業を復興する必要があった。

当時、ナウルはまだ「プレザント・アイランド（快適な島）」と呼ばれることが多かったが、その名前が新聞に登場するようになった。一九一八年九月二九日付の「ニューヨーク・タイムズ」には、ナウルの帰属問題が取り上げられている。

「この島には五億トンのリン鉱石が埋蔵されていると推測される。この肥料の原料は、チリ産で有名な硝酸塩と競合するのではないか」

リン鉱石を〝ゴールド〟とあがめるイギリス、オーストラリア、ニュージーランドは、ナウルの領土を自国に併合しようと模索していた。だが、ヴェルサイユ条約の枠組みにおける交渉は、国民の自由を提唱するアメリカ大統領ウッドロウ・ウィルソン（Woodrow Wilson）の方針に抵触した。ウィルソンが一九一八年一月八日に発表した「一四カ条の平和原則」の第五条は、ナウルにも関係することであった。すなわち、民族の利益を考慮する原則と同様に、民族自決

リン鉱石搬出用にイギリスが敷設した鉄道.

リン鉱山で働く中国人労働者たち．1908 年撮影.

イギリス式の訓練を受けた警察隊.

島に建てられたカトリックの伝道所.

権を尊重するという原則に即し、すべての植民地の問題に関して公正な解決が提唱されたのである。

一九二〇年、ウィルソン大統領の提唱により設立された国際連盟は、ナウルをイギリス帝国の支配下に置くことを承認した〔オーストラリア、ニュージーランド、イギリスによる国際連盟の委任統治領〕。オーストラリアが島の統治にあたることにイギリスとニュージーランドは合意し、この三カ国でリン鉱石が生み出す利益を分配することになった（一九一九年のナウル島協定）。「ロンドン・デイリー・メール」はこのニュースを報じている。

「戦前では、ナウルはドイツの支配下にあった太平洋上の島の一つであった。ドイツ統治時代の先住民の扱いはひどかったことから、島の人口は二〇〇〇人にまで減少した。ところが現在、

イギリス帝国のエネルギッシュで人道的な統治下にあるナウル人は、南太平洋において最も健全で進歩的な人種となった」(*4)

リン鉱石産業は近代化され、年間の採掘量は数十万トンになった。パシフィック・フォスフェート・カンパニーの後を引き継いだブリティッシュ・フォスフェート委員会は、イギリス帝国の花形となった。ツルハシとバケツで大地を掘削するのは、中国から移民した肉体労働者であり、ナウル人は採掘現場をぼんやりと眺めていた。労働は過酷で、摂氏四〇度を超える炎天下、リン鉱石があるサンゴ礁の煙突状の岩のなかに降りていくのであった。島が水不足になると、労働者の喉の渇きを癒すために海水から真水を作ることになるが、この水を飲むと、労働者はすぐに体調を壊した(*5)。

島の先住民たちは、海辺で釣りなどをしてぼんやりと過ごした。夜になると、ナウル人はみんなで晩ご飯を食べ、火を囲んでおしゃべりに興じた。

註

*1　Carl McDaniel and John Gowdy, *Paradise for Sale: A Parable of Nature*, University of California Press, Berkeley, 1998, p.30.

＊2　文字どおりの意味は、砂浜で物を拾う人である。この単語がはじめて使用されたのは、ハーマン・メルヴィルの小説『オムー』（一八四七年）である。この作品の主人公である捕鯨船の水夫は、島で暮らすために船を抜け出す。

＊3　前掲書 Carl McDaniel and John Gowdy, *Paradise for Sale*.

＊4　*New York Times*, 7 December 1919.

＊5　Rosamond Rhone, "Nauru, the Richest Island in the South Seas," *The National Geographic*, December 1921.

II

日本軍の占領と独立

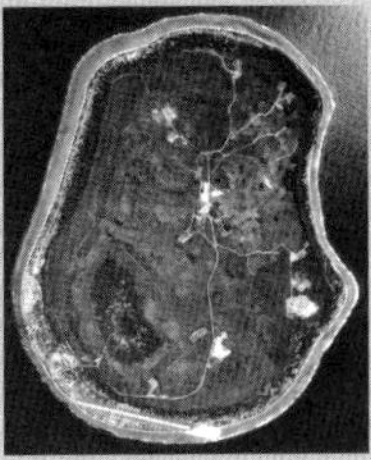

「わが国の国民にとって最も重要な日、それはアンガム・デー（Angam Day）である」

医者のキキ・トーマ（Kiki Thoma）はしっかりとした声で語った。小柄でか細いトーマの体格は、体重一〇〇キロ近くあるナウル人の平均的な体格からはほど遠い。彼は自国民の話をすることが好きである。

「七〇歳にもなるとね、次世代に伝えなきゃ。アンガム・デーとは、ナウル語で〝帰郷の日〟という意味だ」

しかしながら、この日はナウル共和国の国民の祝日にはなっていない。毎年一〇月二六日は島民でお祝いをするが、この日が栄光に満ちた自由解放の記念日というわけではない。

「この日を祝うのは、われわれ国民は脆弱でつねに瀬戸際にあることを思い起こすためなんだ。この日を祝うことで、世代間の絆を強めるのだよ」

物語は第一次世界大戦にまでさかのぼる。ナウルはまだオーストラリアの保護下にあり、島の統治者グリフィス司令官は、島民の未来を心配していた。一九一九年にグリフィス司令官が島の人口調査をしたところ、一〇六八人であった。彼によると、人口が一五〇〇人を下まわると、ナウルは消滅する危険性があるという。グリフィス司令官は多産奨励策を打ち出し、次のように宣言した。

「一五〇〇人目のナウル人が誕生する日は休日にして、島じゅうでお祝いをする」

この人口学上の目的が達成されたのは、一九三二年一〇月二六日であった。この日に誕生した女の子エイダルウォは、アンガム・ベイビーとして祝福された。ナウルは助かったのである。


リン鉱石の輸出は、第二次世界大戦が始まってからも、最初のうちはそのまま続いていた。しかし、一九四〇年に太平洋にドイツの軍艦が現れ、紛争の規模は徐々に拡大し、ナウルの状況は怪しくなってきた。ナウルとそのリン鉱石資源は、戦略上重要な意味を持つようになったのである。この天然資源は、平和時には農業の発展に役立つものであるが、戦時中には爆薬の製造に役立った。太平洋は紛争下の戦略的な要所となったのである。すなわち、太平洋を制する者がこの戦争の勝者となるのだ。ガダルカナル島、ミッドウェー島、さらにはナウル島が、太平洋を制するための登竜門となったのである。

一九四〇年一二月、日本の商船に化けた三隻のドイツ大型船が、他の船に交じってナウル近海を巡航した。ドイツはリン鉱石採掘施設を破壊するために一八五名の兵隊を送り込もうとした。この計画は遂行されたが、ナウル上陸は無理であることが判明した。そこでドイツの軍艦三隻は、リン鉱石の供給路を断つことにした。リン鉱石を満載したオーストラリアとニュージーランドの貨物船五隻を撃沈したのである。ブリティッシュ・フォスフェート委員会の人々は現場から大急ぎで逃げ出した。

一九四一年一二月七日、日本はハワイの真珠湾を攻撃し、第二次大戦に参戦した。ドイツの軍艦の攻撃により、ナウルに駐留していたオーストラリアの派遣小部隊は撤退した。太平洋における日本の存在感は、ますます大きくなった。一九四二年春、珊瑚海海戦がパプアニューギニア沖やソロモン諸島沖で繰り広げられた。ナウルの岸辺からは、日本の軍艦や戦闘機が毎日のように見えたという。一九四二年二月、孤立したオーストラリア兵は、ナウル沖を巡航していたフランスの駆逐艦トゥリオンファン号に救出された。

ナウルの人々は置き去りにされてしまったのである。八月二六日、日本軍は太平洋上の燃料補給地を確保するために、巡洋艦四隻をナウルに上陸させた。沿岸部に沿って滑走路が敷かれた。数週間のうちに沿岸部には防御陣地がいくつも設置され、アメリカ空軍の攻撃に対抗するために、巨大な高射砲がナウル最高峰の地点コマンド・リッジに据えつけられた。

一九四三年の間、島はアメリカのB－24型爆撃機による爆撃を何回か受けたが、アメリカ兵が上陸することはなかった。兵站を断たれた日本兵、そしてナウルの人々は、食料の補給に支障をきたし始めた。ナウル人、軍事基地を設営するために日本軍に連れてこられた労働者、日本軍の派遣部隊などで、島はあっという間に人口過剰となり、食料不足に陥った。そこで日本軍は、ナウル人一二〇〇人をトラック島へ強制連行し、五〇〇〇人の男たちは日本軍の労働力として島に残した〔また、ナウル人のハンセン病患者三九人を別の島に移送すると偽って連れ出し、ボートを沈没させて水死に至らしめ、水死をまぬがれた者は射殺した事実も明らかになっている。なお、かつてトラッ

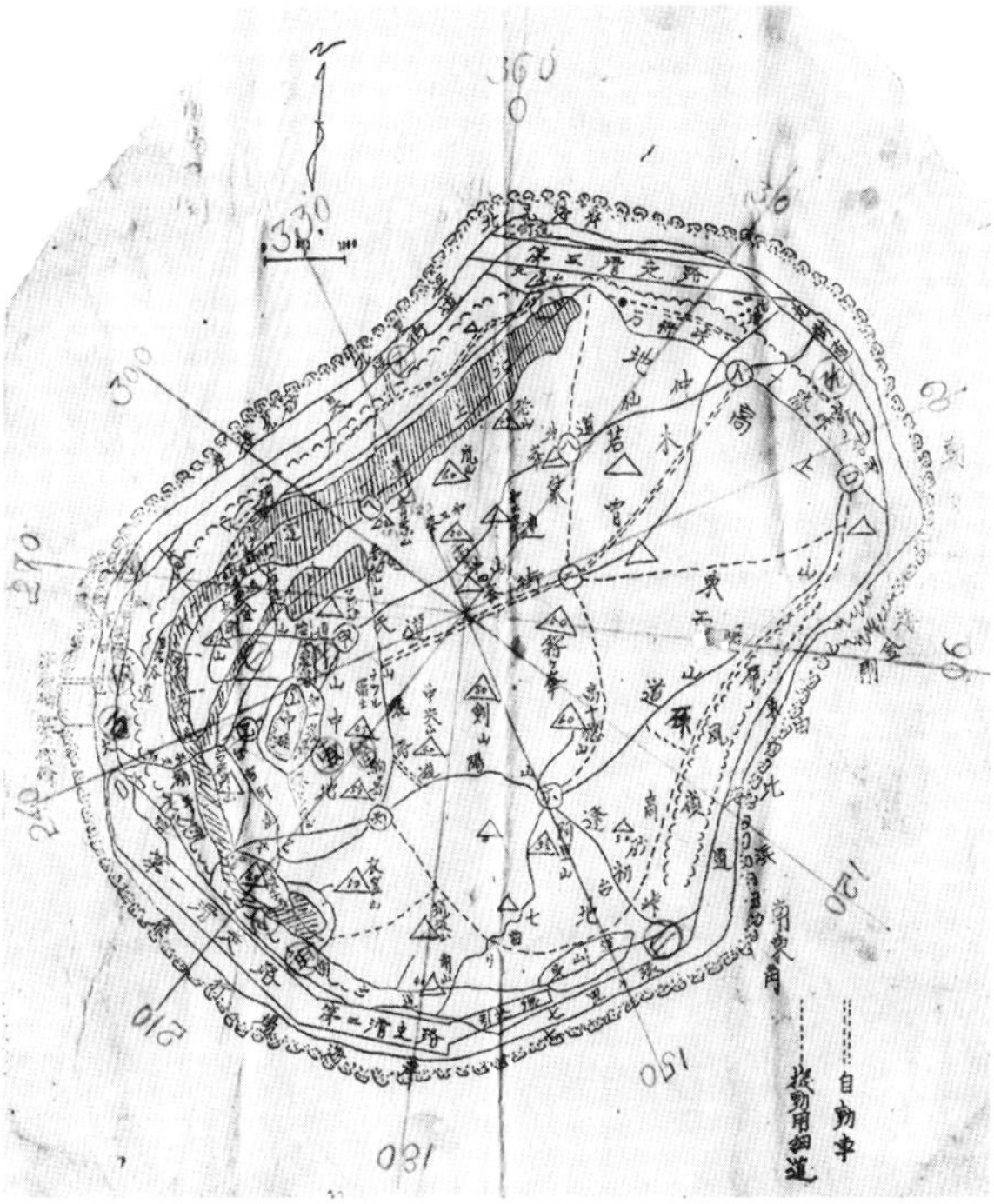

日本占領期のナウル島.
何本もの滑走路や軍事施設が造られ，島全体が要塞と化している.

1943 年，ナウルを爆撃する米軍機 B-24.

ク島と呼ばれた環礁の小さな島々は、現在のチューク諸島で、ミクロネシア連邦に属している」。

ルーシーはこの激動の時期を覚えている。彼女は現在、子どもたちと孫たちに囲まれて、滑走路近くのヤシの木が立ち並ぶ場所で暮らしている。彼女は島の最年長者の一人であり、この惨事の残り少ない生き証人である。

「日本軍が上陸したとき、私たちは落ち着き払っていたわ。戦争が始まったことは知っていたの。はじめのうち、日本兵は私たちに何も命令しなかった。だけど、次第に男たちを中国人のように働かせるようになったの。防御陣地をつくらせたり、大砲や砲台を移動させたり。そしてある日、日本兵が島の女や子どもを港に集めたの。船に乗せられたけど、行き先は教えてくれなかった。海は荒れていたわ。みんな島を離れたくなかった」

「数日間を船で過ごすとトラック島に着いたの。私たちはここの収容所で数ヵ月間、過ごすことになるの。島に残った他のナウル人の消息については一切わからなかった。収容所では、いつの日か自由になることだけを願っていたわ。仲間はだんだん赤痢やチフスで倒れたの。食事は酷いし、生活環境も最悪だった。私のまわりだけでも何人も死んだ」

「そしてある日、私たちはナウルに送り返されたの。戦争が終わったんだわ。戻ってみると、故郷の面影は消えてしまっていた。森は切り倒され、砲弾の跡が生々しく残っていたわ。日本兵は、武器、大砲、ジープなど、いろいろなものを残していった。ナウルも戦禍をまぬがれなかったわけよ」

一九四五年九月一三日、ナウルの日本軍は撤退を約束した。トラック諸島に強制連行されたナウル人は七三七名にまで減っていたが、彼らは一九四六年一月三一日に帰郷を果たした。前述したアンガム・ベイビーのエイダルウォは、生き延びることができなかった。ナウルの人口はふたたび一五〇〇人を切り、ナウルはまたしても存亡の危機に襲われた。

今も島に残っている旧日本軍の建造物跡.

1945 年 9 月，降伏した日本軍.

一九四五年、日本が撤退すると、ナウルはすぐに「保護者」をみつけた。国際連合の誕生により、委託統治制度が継続された。一九四五年六月二六日に調印された国連憲章により、信託統治領制度（保護レジーム）が確立され、一定期間、国連の信託を受けた国が一定の非独立地域を統治することになった。この保護制度の目的は、一定の地域の先住民が自分たちで統治できるまでの準備を促すことにあり、将来的には彼らの独立を支援するものであった(*1)。さしあたり、ナウルの施政権者はオーストラリアとなった。

オーストラリアの戦禍は大きくなかったとはいうものの、戦後、すべてを復興させなければならなかった。当時、ヨーロッパの人々は食料の配給制のもとで暮らしていた。そこでリン鉱石を手中に収めることは、間接的にはヨーロッパが渇望する農業を支配することを意味した。太平洋のちっぽけな島、ナウルに注目が集まったのである。リン鉱石の採掘に関する一九一九年のナウル島協定は、依然として法的効力があったことから、ブリティッシュ・フォスフェート委員会の株主は、オーストラリア、ニュージーランド、イギリスのままであった。ナウル自身が大金を手にすることはなかった。一九四八年、リン鉱石の採掘量が拡大する一方、ナウルの人々の懐《ふところ》には収益全体の二パーセントしか入らなかった(*2)。

ナウル初の海外留学組である「ハマー」・デロバート(Hammer DeRoburt, 1922–1992)は、一九三〇年代にオーストラリアのヴィクトリア州にあるジロング・テクニカル中学校で学んだ。とくにアボリジニ〔オーストラリア先住民〕に対する人種隔離政策が支配するオーストラリアの中学校では、有色人種の生徒は珍しかった。デロバートは、留学先で学問や政治に目覚め、高校生になるとオーストラリアン・ルールズ〔オーストラリア独自のフットボール〕(＊3)のチームに加わるなど、スポーツも愛するようになった。彼はアングロサクソン型の教育スタイルに完全に馴染んだ。一八歳になったとき、ナウルに戻ると、日本軍が上陸してきた。そしてトラック島の強制収容所に送られたが、無事に帰国した。こうした不幸を心の奥に刻んだデロバートは、ナウルにおける長年にわたる外国の存在は、自国民を痛めつけただけであることを悟った。トラック島での体験がトラウマとなり、国家独立ならびに自決権の獲得をめざすようになったのである。

オーストラリアでの生活や、白人の若いエリートたちとの交流を通じて、「ハマー」・デロバートは活動家となった。自国の地中に眠る富の存在に気づいたデロバートは、祖国の未来のために、ある種のアイデアを持つようになった。ナウル国民が何の懸念もなく生活できるようにするのだ。ナウルの国民が、島を、リン鉱石を、そして自らの運命を管理するのだ。

デロバートはオーストラリアで教育を受けたこともあって、オーストラリア当局は、彼がナウルの交渉窓口となることを了承した。だが、彼はオーストラリアにとってタフな交渉相手であり、頭の切れる戦略家であった。一九五一年末、彼は「ナウル地方政府委員会」のトップに就任した。これまでのナウル「首長評議会」を西洋化させた地方政府委員会は、数カ月のうちに植民地統治者である政府当局にとり、手ごわい反対勢力となった。

一九五五年、ナウルの正式なリーダーであるデロバートは、オーストラリアと厳しい交渉を開始した。交渉は長引いた。リン鉱石の採掘現場のある土地は、ナウル人のものである。しかしながら、ナウル人は採掘されたリン鉱石の対価として、わずかな金額の補償しか受け取っていない。「土地を管理する者が、リン鉱石を管理するのだ」——。

一方、ブリティッシュ・フォスフェート委員会の経営陣は、日増しに価値が上昇するこの孤島の一角に関する権益を失いたくなかった。一九六〇年代初頭、ナウル産のリン鉱石の価格は、一トンあたりおよそ四〇オーストラリア・ドルで取引されていた。リン鉱石の生産量は年間一〇〇万トン近くに達し、ナウルはまさに金鉱山であった。

「ハマー」・デロバートがナウル人の自決権のために闘い始めてから、一〇年近くの月日が経った。彼はナウル国民を代表して国連の信託統治理事会に何度も提訴してきた。彼の持つオーストラリアとのコネクションを活かして、国際法を専門とする弁護士とも入念な打ち合わせをした。国連憲章の第七六条には、ナウルのような信託統治地域には、いずれ自決権を付与しなければならないと定めてあると主張して、国連憲章との不整合を指摘した。

国際法を盾にした攻撃に、オーストラリアの形勢は不利となった。だが、オーストラリアはなんとしてもナウル島の独占支配を手放したくなかった。オーストラリアは、交渉のイニシアティブを握るデロバートとの交渉の席で追い詰められた。

そこで一九六一年、宗主国オーストラリアはとんでもない提案を申し出た。国連の調停のもとに、新たに生活できる土地をナウル国民に提供すると提案したのである。国土面積が二一平方キロのナウルに対して、オーストラリアのクイーンズランド州の北部にあるフレーザー島との交換である。フレーザー島の面積はナウルの一〇〇倍も広いが、フレーザー島の地下には天然資源は一切埋まっていない。ナウルのリーダーたちにとってはとうてい受け入れられない提案であった。そこで一九六四年、信託統治理事会はナウル国民に対し、同じクイーンズ州にあるカーティス島への移住を打診したが、またしてもナウル側は拒否した(＊4)。

ナウル共和国初代大統領となるハマー・デロバート.

ナウルを信託統治する政府当局は、国連に強い政治圧力をかけたが、国連はその基盤である国連憲章を無視するわけにはいかなかった。ナウルの人々のために、デロバートは譲歩を勝ち取った。ブリティッシュ・フォスフェート委員会は、リン鉱石採掘の補償金の額を引き上げることで事態の鎮静化を図った。一九六五年、その当時、涙金程度であった補償金は五倍に増額され、その翌年には一〇倍になった。ついにパンドラの箱が開いたのである。オーストラリアはそのフタを閉じようとしたが、もはや無理であった。オーストラリアのナウルからの撤退は不可避となった。

一九六六年、ナウル立法委員会が設立され、数カ月後には自治権を持つ政府が誕生した。一九六七年一〇月、ナウルの代表と国連信託統治理事会の施政権者は、その翌年にナウルが独立することで合意に達した。一方、ブリティッシュ・フォスフェート委員会は、ナウル撤退について話し合い、損害賠償金を受け取ることで決着した（一三七〇万オーストラリア・ドル）。リン鉱石採掘ビジネスのナウルへの完全譲渡は、一九七〇年に実行されることになった。

オーストラリアとイギリスは白旗を上げた。トラック島に強制収容されたナウルの人々が帰郷してからちょうど二二年後の一九六八年一月三一日、四〇〇〇人の島の人々は、手にしたナウルの国旗をたなびかせ、国家独立を盛大に祝った。この独立は、リン鉱石の権利独立（フォスフェート・インディペンデンス）を告げるものでもあり、ナウルはリン鉱石の採掘から生じる収益を直接手にすることになった。ナウルは、宝くじを引き当てたのである。

註

＊1　国連の信託統治理事会は、最後の信託統治領パラオが独立した後、一九九四年一一月一日に閉鎖された。

＊2　Carl McDaniel and John Gowdy, *Paradise for Sale: A Parable of Nature*, University of California Press, Berkeley, 1998, p.72.

＊3　オーストラリアン・ルールズ・フットボールは、楕円形のグランドで二チームが勝負する。各チームのメンバーは一八名。各チームの陣地に立てられたポールの間をボールが通過すると得点となる。オーストラリアで最も人気のあるスポーツ。

＊4　第二次世界大戦後、ブリティッシュ・フォスフェート委員会は、リン鉱石の採掘を本格化させるため、バナバ島から住民を追い出した。一九七九年、採掘が終了すると、住民の一部は帰島した。しかし、彼らは荒れ果てた土地での生活に大きな困難を抱えることになった。

III

島の黄金時代

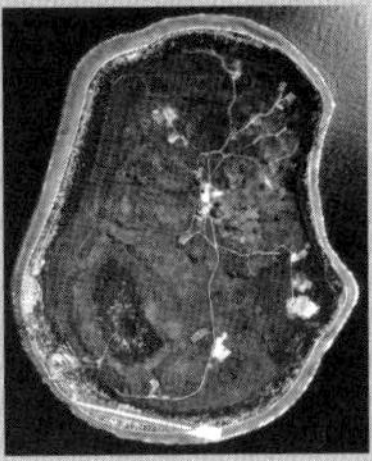

サンゴ礁でできた煙突のような形状の「ピナクル（尖塔）」は、リン鉱石の掘削跡であり、ナウルを代表するイメージである。月面に白い柱状のピナクルが見渡すかぎり林立する光景は圧巻である。数平方キロメートルはこうした地形が広がっている。これは小さな十字架のかかった広い墓地のようでもある。この奇妙な景色がイースター島の石造彫刻とも共通する点は、悲惨な結末を迎えた民族の産物であるということだ。

一九六八年初頭、ナウルはイギリス連邦の共和国としてではあるが、国家独立を果たした。人口四〇〇〇人弱の世界最小の共和国の誕生である。当然のことながら、初代大統領には「ハマー」・デロバートが就任した。彼は、ナウルの経済成長が維持できるのは三〇年間ぐらいだと見込んでいた。というのは、専門家や技術者によるさまざまな調査から、リン鉱石の産出量は九〇年代に入る頃には減少することがわかっていたからである。また二一世紀初頭には、自国の確かな未来を築くための貴重な鉱石がなくなるであろうことはほぼ確実であることも心得ていた。

デロバート大統領は、この時間とおカネを長期的なリターンが見込める投資にまわそうと決意した。具体的には、海外での不動産の購入やホテル事業の買収、外国企業への経営参画などである。すでに「ポスト・リン鉱石」を意識していたナウルは、採掘のペースを加速させることにした。たくさんおカネが入れば、海外投資を増やすことができ、分散投資によって大きな投資リターンを狙えるというわけだ。

リン鉱石採掘跡の「ピナクル（岩の尖塔）」.
島の中央部に広がる奇妙な岩の連なりが，現在のナウルを象徴する光景となっている.

リン鉱石採掘事業は国有化された。ナウル共和国の大統領自らが経営にあたるナウル・フォスフェート・コーポレーションは、ブリティッシュ・フォスフェート委員会の後を引き継いだ。リン鉱石採掘の収益の大部分は、国庫に収まった。採掘事業と並行して、収益の一部を外国に投資すると同時に、島の飛行場の整備や航空会社エア・ナウルの発足といった国内プロジェクト推進のために、ナウルの政府系ファンドであるナウル・フォスフェート・ロイヤリティーズ・トラストが設立された。エア・ナウルこそ、太平洋の小島の将来を担う切り札となるはずであった。

毎日、大量のリン鉱石が採掘された。おもにアイランダー（islanders）と呼ばれるツバルやキリバスといった近隣の島々からやってきた人々が操る数十台のパワーシャベルが掘削にあたった。第二次世界大戦中に日本軍が占領する以前に、アイランダーと呼ばれる人々の一部はすでにナウルに移住し、鉱山の奥底で中国系労働者とともに汗を流していた。戦後になって採掘作業が近代化されたとはいえ、リン鉱石の回収ならびに仕分け作業には、人手が必要であった。ナウル独立にあたって、アイランダーは鉱山で働くためにナウルに残った一方で、中国人たちは、島でレストラン、雑貨店、さらには食料品店などを開き、商売に精を出した。アイランダーたちは、昼間はナウル・フォスフェート・コーポレーションのために島の中央台地で働き、アイウォ地区の海沿いに建つ低家賃の集合住宅で眠った。ここでは、夜になるとさまざまな人種が集まり、夜遅くまで歌い、トランプに興じたりして過ごした。彼らはここから少し離れたところに住むナウル人と交流することはなかった。

というのは、ナウル人はすでに働く必要がなかったからである。とりわけ、鉱山で働くナウル人は誰一人としていなかった。彼らが働くとすれば、公務員として、公益の追求というよりは、涼しさを求めてエアコンの効いた役所の建物のなかにおいてである。というのは、ナウルは小型の集産主義国家のような様相を呈していたからである。ナウル・フォスフェート・コーポレーション、エア・ナウル、ナウル銀行、海運会社のナウル・パシフィック・ライン、これらすべては国営企業である。ナウルの犯罪発生率は高くないにもかかわらず、警察も大量の雇用を抱える就職先の一つであった。しかし、ナウルのような小さな島の暮らしは、全員が知り合いであり、お互いがお互いを見張っているようなものである。また国民は生活に不自由しておらず、物を盗む必要などなかった。

「ハマー」・デロバートは、こうした「ナウルトピア（Naurutopia）」をイメージし、その基礎を築いた。国の活動がもたらす果実を、国民全員で分かち合う、ある種の完全な社会主義国家の実現をめざしたのである。政府の直接介入により、物質的、金銭的にゆとりのある暮らしを国民全員に約束するナウル型集産主義である。しかし、集産主義とはいえ、おもに資本主義と所有権によって機能するのがナウル風である。国が豊かであると、国民も潤う。不動産に関しては、ナウル固有の制度があった。ドイツ人やアングロサクソンがナウルを訪れる以前は、土地の譲渡や相続を登記するという制度は存在しなかった。ナウルでは、土地（そして、その地下）は、故人の子どもたちで分け合うことになっていた。外国のリン鉱石の採掘企業は、長年にわたってこうした慣習を無視し、地主に地代を支払うことなく、ナウルの地面を掘削してきた。ナウルのリーダーたちの抗議により、ようやく涙金が支払われるようになった。一九二〇年の時点では、地主は自らの土地から産出されるリン鉱石に対し、一トンあたり〇・〇〇九オーストラリア・ドルしか受け取っていなかった。つまり、ほとんどタダ同然であった。

ナウル独立にともない、リン鉱石の採掘ならびに補償金の制度は、抜本的に変革された。新たに発足したナウル・フォスフェート・コーポレーションが採掘許可を発行することになり、公正な地代制度がスタートした。リン鉱石から生じるおカネは、国民全員に還元されることになったのである。ナウルの国民は、不動産のいわゆる区分所有者となった。一九六八年には、リン鉱石が一トン採掘されると、六五セントが土地の所有者に支払われるようになった。その後、地代はたえず見直されることになった。

ナウル・フォスフェート・コーポレーションは、数ヘクタールを所有する大地主の土地を毎年掘削した。その代償として、彼ら大地主はナウル政府から小切手を受け取ったが、彼らはこれを「ロイヤリティ」と呼んだ。およそ一〇年後には、島の大地主たちは、地下資源からの不労所得で暮らす億万長者となった。

一九七〇年代初頭、大半の西側諸国は第一次石油ショックに見舞われた。これにつられてリン鉱石をはじめとする天然資源の相場価格も高騰した。一九七四年、リン鉱石事業により、ナウルの国家と国民には、およそ四億五〇〇〇万オーストラリア・ドルの収益がもたらされた。小規模地主であっても、相場価格の上昇の恩恵を受け、年間数万ドルの収入があった。リン鉱石の販売のおかげで、太平洋に浮かぶ小さな島ナウルは、平均して年間九〇〇〇万ドルから一億二〇〇〇万ドルの可処分所得があった。ナウルは世界一リッチな国となったのである。一九七〇年代にナウルのGDPは一人あたり二万ドル近くになり、アラビア半島の産油国と肩を並べるようにまでなった。

リン鉱石の採掘場.

貨物船にリン鉱石を積み出すための延長ブリッジ「カンティレバー」.
アイウォ地区にある.
リン鉱石マネーでナウルが潤った黄金時代を象徴する建造物である.
リン鉱石の輸出量は，1980 年代初頭には 200 万トンあったものの，
2005 年には 5 万トンに激減した.

カンティレバーからリン鉱石を貨物船に積み込む様子を描いた古切手.

成金となったナウル人の暮らしは様変わりした。国が何から何まで面倒をみてくれる。国の金庫はすでに現金で満ちあふれていたことから、税金を払う必要はまったくなかった。国のおカネで、当時としてはとてもモダンな病院が建設された。ナウルの病院で対応できないときは、国の費用でメルボルンにある有名私立病院へ転院させてくれた。ナウル国家はメルボルン東部に長期入院患者の家族が滞在できる住宅まで購入した。

島では電気などの各種公共サービスはすべて無料であった。高校生は国のおカネで海外留学ができた。大学生になると、オーストラリアのニュー・サウス・ウェールズ大学やメルボルン大学はもちろん、ニュージーランド、イギリス、アメリカの大学に留学できた。

島ではなんとトイレも国が掃除してくれた。個人の住宅の片づけや掃除のために、国が家政婦を雇ったのである。一九七〇年代のナウルは、国民が仕事に出かけるために毎朝起きる必要がないパラダイス国家であった。彼らの代わりに、中国人やアイランダーたちが働いてくれた。船釣りや、家族行事、島を囲む唯一の道路をただ延々とドライブするなど、ナウル人はおもにレジャーを楽しむために暮らした。つまり、不労所得で暮らす彼らは、文字どおりに暇をもてあました消費者として過ごしたのである。

島にたくさんあるガソリンスタンドでは、ナウルの暮らしを象徴する光景がみられた。こうしたガソリンスタンドにはレストランが併設されており、経営者は中国系の移民である。ナウル人が乗ったガラスに黒いフィルムを貼った巨大な四輪駆動車がガソリンスタンドにやってくる。給油中もエンジンはかけたままである。クラクションを鳴らすと中国人の女性が大慌てで注文を取りにやってくる。ナウル人ドライバーは、相変わらずエンジンをかけっぱなしで待っている。数分後、中国人女性はテイクアウト用の中華料理を持ってくる。ナウル人ドライバーは運転しながらこれを食べるのである。その後も次々とナウル人ドライバーがやってくる。中華料理のドライブスルーを発明したのは、おそらくナウル人が最初であろう。ひどい浪費家になると、新しい応接セット、新車、モーターボートなどを、まるでスーパーで日用品を買い足すような気軽さで購入した。

ヴィオレット・マッカイ（Violette McKay）はオーストラリアで小学校の先生を務めた後、夫とともにナウルにやってきた。この夫婦は島の空港の近くで小間物屋を開いた。二〇〇五年の時点で、マッカイ夫婦の商売は、島ではいまだに儲かっている数少ないビジネスの一つであった。マッカイ夫婦の家は比較的新しく、広々としてきちんと手入れされていた。一方、このあたりの住宅は、ほとんどが屋根に穴があき、中庭はゴミ捨て場状態となっていた。

五十歳代の快活なヴィオレットは、ナウルの黄金時代を知っている。

「リン鉱石のロイヤリティ収入があった人たちは、びっくりするぐらい、めちゃくちゃお金持ちになったわ。今の島の貧乏暮らしからはとても想像できないけれどね。彼らは何だって持ってたの。ショッピングのために海外旅行に出かけてたのよ。テレビやステレオ、彼らは欲しい物なら何でも手に入れたわ。今から考えると信じられない話よ。彼らは、街角の中華料理屋に出かけるだけなのに、オーストラリア・ドルがぎっしり詰まったアタッシュケースを持ち歩いていたわ」

「彼らは、ヨーロッパ、日本、アメリカ、世界中どこへでも旅行したわ。お土産をどっさり買ってきて、みんなに気前よく配っていた。こんな高価な物はもらえないわって言うと、『お願いだからもらってくれ』って頼まれたのよ。釣り船や家のサイズは、年々どんどん大きくなっていったわ。ナウルはまるで別世界のようだったわ」

ヴィオレットはハンカチでメガネのレンズをぬぐい、従業員の一人にナウル語で何かを命令してから話を続けた。

「島の人たちは、たった数年で価値観を失ってしまったのよ。我慢することがなくなったの。例えば車よ。ナウル人はみんな車が大好きなの。毎日、島のまわりをぐるぐるドライブするだけなのに、自分の兄弟や遠い親類よりも大きな四輪駆動に乗りたがるのよ。一九七〇年代には、車が六台も七台もあった家族もいたわ。同じ時代、西側諸国ではせいぜい車は一家に一台だったのによ」

「びっくりするような光景に何度か出くわしたわ。道端で車が故障していたの。故障といっても大した故障じゃないのよ。タイヤがパンクしたとか、ガス欠とか、その程度の故障よ。ところが、いったいどうしたと思う？　運転手は道端に車を放置してどこかへ行ってしまったの。ときには車のカギを誰かそのへんの人にくれてやることもあったわ。『来週になれば注文した四輪駆動車が港に到着するから、別にいいんだよ』だって！」

ヴィオレットは一息ついた後、堰《せき》を切ったようにこう言った。

「あぁ、信じられない光景を見たことを思い出したわ。私はこの目ではっきりと見たの。お祭りの日に、オーストラリア・ドルをティッシュペーパーの代わりに使っている人がいたのよ。本当よ」

メルボルンの高層ビルが建ち並ぶビジネス街にあるコリン・ストリート八〇番街。ここに建つ巨大な高層ビルの入り口には、周囲の雰囲気とまったく調和しない一個の岩が飾ってある。だが、その前を通る人々たちは、この奇妙な岩には気づかない。近づいてよく見てみると、これはナウルの中央台地から掘り起こされたリン鉱石であることがわかる。メルボルンにおけるナウル輝きし頃の名残である。

一九七七年一月二一日、「ナウル・ハウス」ビルディングの竣工式が盛大におこなわれた。オーストラリアじゅうのテレビ局が取材に殺到し、竣工式に出席するために車から降りる招待客を一人ひとり撮影した。高さ一八三メートルのオーストラリア最長のビルの誕生である。竣工式の後のパーティには五〇〇人が招待され、招待客全員は豪華なパーティの雰囲気に満足していた。デロバートに代わりナウルの若き新大統領となったバーナード・ドウィヨゴ（Bernard Dowiyogo, 1946–2003）は、招待客たちと次々と握手した。五二階建て、総床面積五万五〇〇平方メートルのナウル・ハウスは、前任者デロバートの功績によるものであったが、竣工式の舞台にはドウィヨゴが立った。ドウィヨゴ、そしてナウルにとっては晴れの舞台であった。このプロジェクトの財源は、すべてリン鉱石の販売によるものであった。竣工式の数日後には、ドウィヨゴはビルの最上階に大きな事務所を構える予定であった。そこで彼は閣僚に囲まれて、彼の帝国を築く手はずになっていた。

ほんの一〇年ほどの間に、ナウルの海外進出はすさまじかった。メルボルンでは、青地に黄色い線の入ったナウルの国旗を掲げた建物は、前述のナウル・ハウスだけでなく、他にもあった。ナウルはメルボルンの有名な病院の一つであるクイーン・ヴィクトリア・ホスピタルに対して五〇〇〇万オーストラリア・ドルを投資した（＊1）。また、ナウル・ハウスの隣のサザンクロス・ホテルを五二〇〇万ドルで買収した。メルボルンの名門ホテルであるサヴォイパーク・プラザホテルもナウルの所有物となった。経営難に陥っていたビール醸造会社であるカールトン&ユナイテッド・ブリュワリーを二億五〇〇〇万ドルで買収した。買収と同時に、ナウルはカールトン&ユナイテッド・ブリュワリーの周辺地区の再開発計画も打ち出した。メルボルンは、ナウルのリン鉱石の輸入港でもあった。数年のうちに、メルボルンは「リトル・ナウル」となったのである。

ナウル・マネーは次第にオーストラリア全土に流れ込んだ。オーストラリアを襲った熱狂的な投資は、もちろんシドニーにもおよんだ。ナウルはシドニーのど真ん中に延べ床面積三万五〇〇〇平方メートル以上もある巨大な商業施設、ロイヤル・ランドウィック・ショッピングセンターを建設した。またメルキュール・ホテル・シドニーを買収した。一九八〇年代中盤には、オーストラリアン・ルールズ「フットボール」のファンであった

オーストラリアのメルボルンに建つ高層ビル「ナウル・ハウス」．
1977 年の竣工当時，オーストラリアで最長の高さを誇った．
左の記念切手は，リン鉱石マネーによって建てられたことを象徴．

ナウル人は、一二五万ドルを拠出してブリスベン・ブルドックスというチームを結成した。この資金を融資したのは、ナウル・インシュランス（保険）・コーポレーションであった。

ナウルは観光業にも積極的に投資した。グアムやフィジー諸島ではホテル施設をいくつか建て、ハワイのホノルルには太平洋を臨む豪華マンション「ナウル・タワー」を建てた。ナウル政府は、ニュージーランドのオークランドにあるシェラトン・ホテルの株主になった。アメリカでは、シアトルの近く、オレゴン州の真ん中にある六〇〇ヘクタールの森林を買い上げ、富裕層向けの住宅用地として開発するよう、アメリカの不動産業者に委託した(*2)。テキサス州では、ヒューストンにあるシンガー・ビルディングもナウルの所有物となった。

こうしてナウル・フォスフェート・ロイヤリティーズ・トラストから国の投資資金として数億ドルが振り出されたのである。今になってみると、こうした数々の投資資金の管理は、きわめて不明瞭であった。ナウルが投資した国では、「ナウル」の名前を掲げた企業があちこちに登場した。これらの企業の役割とは、不動産開発や買収行為であった。こうした企業やナウル人の周辺には、コンサルタントと称する人物や弁護士が群がった。ナウル・マネーに、一獲千金を夢見る連中が群がったのである。ナウル当局は、熱心に投資物件を紹介するこうしたコンサルタント連中に対して、ほとんど警戒心を抱かなかった。

リン鉱石マネーは、太平洋地域におけるナウル政府当局の権力を確立するためにも用いられた。小国ナウルは、勢力をさらに拡大する必要があったが、すでにエア・ナウルは、この地域におけるナウルの国威を高めていた。というのは、キリバスやソロモン諸島といった多くの周辺国は、エア・ナウルの連絡便を頼りにしていたからである。「ハマー」・デロバートは、リン鉱石マネーによって自国民が将来的に、何の心配もなく暮らすことができるようになることを願っていた。また、ナウルが地理的な孤立や少ない人口にもかかわらず、強力な国家になってほしいと切望していた。

ハワイの豪華マンション「ナウル・タワー」.
(出所：http://www.naurutower.com)

シビックセンターの一番大きな部屋の壁には、縦三メートル、横一〇メートル近くの巨大な地図が貼ってある。ナウルでは、通常、この部屋で外国からの来賓を迎えることになっている。この地図では、ヨーロッパ大陸は地図上の左隅に、アメリカ大陸は右隅に追いやられた位置にあることから、ヨーロッパ人やアメリカ人は、一目見てムッとするかもしれない。太平洋が地図の中心に位置しているのだ。近づいてよく見ると、知っている島や海が見つかるが、どうもピンとこない。地図のど真ん中には太いゴシック体で「ナウル」と表記してある。地図にはソヴィエト連邦やユーゴスラビアが載っていることから、この地図が制作された年を確かめると一九八二年であった。この頃、ナウルはまさに世界の中心に位置していたのである。

註

＊1 Chris Masters, "Island Raiders," Four Corners, ABC Australia, September 2004.

＊2 Nick Giegerich, "Island Nation Holds Keys to Neighbourhood," *Portland Tribune*, 23 April 2002.

Ⅳ 放漫経営のツケ

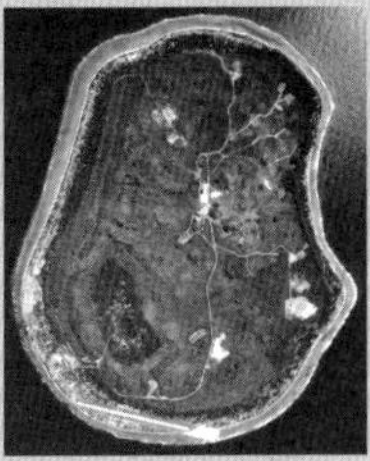

島民の大半が暮らすアイウォ地区を走る道路の海岸沿い側には、住宅が建ち並んでいる。一方、内陸側は島の中央台地に向かう急斜面となっている。集落の間には、樹齢一〇〇年を超える木々が植わっているが、その足元には廃車や使わなくなった建築資材が投棄されている。島の唯一の道路のあちこちには、粗大ゴミが放置されている。

雑草が高く生い茂ったところでは、三人のナウル人がゴルフに興じている。一人のゴルファーが言った。

「さあ、最終ホールだ。雑草が茂りすぎてよく見えないけど、次は九番ホールだよ。その向こうがクラブハウスだ」

森林から抜け出したゴルファーたちの前には、中央台地の斜面と道路に挟まれた空き地が広がっていた。フェアウェイには雑草が五〇センチ以上も生い茂っている。向こうに見えるクラブハウスは、崩壊寸前のあばら屋といった印象である。窓ガラスは割れ、壁は長年の重みに耐えられず傾いていた。

ゴルフシューズを履いたナウル人ゴルファーは、スタンスをとり、完璧なスイングでボールをヒットした。ボールはミサイルのようにまっすぐ飛んでいき、フェアウェイの真ん中に落下した。つまり、草むらのなかである。

「さてと、ボールを探し出すのが一苦労だ。島にはガソリンがないから芝刈り機を動かせないんだよ」

雑草が生い茂った状態のゴルフ場.

三人のナウル人は、雑草がぼうぼうに茂ったフェアウェイをのんびりと歩いて行った。彼らは手分けしてゴルフクラブで雑草をなぎ倒しながらぼやいた。

「ボール探しに時間がかかって困るよ」

この九ホールのゴルフ場は、ブリティッシュ・フォスフェート委員会によって現地駐在員の退屈を紛らわせるために建設された。その当時は手入れが完璧に行き届いていたという。イギリス人が撤退した後は、ナウル人がこのゴルフ場を引き継いだのである。

一九八〇年代から九〇年代にかけて、ゴルフに夢中になるナウル人は珍しくなかった。ゴルフ場で、ご近所や閣僚と出くわすこともよくあった。他国の土壌を肥やすために自国の土壌をやせさせるという奇妙なパラドックスにより、ナウル島はバカンス村と化した。ナウルのリン鉱石によってオーストラリアやニュージーランドの土壌が肥沃になっていく一方で、ナウルは自国の土壌が荒廃していくことに、何の懸念も抱かなかった。

島に農作物がまったく育たなくなって以来、ナウルは島民に必要な食料品のすべてを輸入に頼るようになった。すなわち、ナウルのリン鉱石を原料とした肥料で育ったオーストラリア産の農産物である。オーストラリアから来る船には、パン、卵、肉類、サラダ、冷凍食品などの食料品だけでなく、自動車、船、オートバイ、ビデオデッキ、カーステレオ、オーディオ機器などが満載されていた。これらの輸入製品は恐ろしいほど高値であった。例えば、サラダは七ドルもしたが、ナウル人にとって、それは購入可能な価格であった。もう何も作らなくなったナウル人は、壊れると捨てるだけ、修理することもなく買い替えた。料理さえやめてしまい、ただ消費するだけの国民になったのである。

一九七〇年代末、ナウル政府は初の警鐘を耳にした。リン鉱石の相場価格が下落したのである。ずるずると相場価格が値下がりする以前は、リン鉱石の産出量は年間一五〇万トンから二〇〇万トンあたりを推移していた。価格の下落、産出量の減少、採掘インフラの老朽化といったマイナス要因にもかかわらず、ナウル政府はある程度の経済成長をなんとか維持したが、リン鉱石の埋蔵量は減少し、確実に枯渇に向かっていた。

しかしながら、ナウル人の暮らしぶりは相変わらずであった。ナウル政府は、確かな投資リターンも見込めないままに、海外投資に邁進した。こうした投資からは、結局のところまったくリターンが得られなかった。それどころか、元本そのものが消え失せた。政府当局はこの問題について、公には口をつぐんでいる。

一九八二年一〇月二一日、イギリス王室がナウルを訪問した。太平洋にあるイギリス連邦諸国をクイーン・メリー2号で訪問中のエリザベス二世がナウルに寄港したのである。デロバート大統領以下、ナウル国民全員でエリザベス二世を歓待した。この日はナウルにとってまさに歴史的な記念日となった。ナウル訪問の際に、エリザベス女王はナウルに大きな敬意を表したが、これはナウルが渇望していたことであった。太平洋諸島旅行中に、この太平洋の孤島の経済的成功に感銘を受けたエリザベス女王は、何度もナウルにつ

黄金期の 1975 年に発行された記念切手.
上：アルバート・エリスによってリン鉱石が発見された 1900 年のナウル.
下：リン鉱石輸出で繁栄する 1970 年のナウル.

いて言及し、ことあるごとに太平洋諸国における経済発展の成功例としてナウルを称賛した。ナウルの国民は大満足であった。これまでナウルの発展に尽力してきた「ハマー」・デロバートは、イギリス王室が認める名士の仲間入りを果たしたのである。

だが、こうした経済的成功の背後には、貧困の火種がくすぶり始めていたのだが、政府関係者全員はこれを無視した。ナウルの海外投資が悲惨な結果に終わった原因の一つは、「人食いザメ」の群れがナウルを取り囲んだことにある。おカネがあれば、多くの友達が寄ってくる。ナウル大統領の執務室には、投資や建設の案件が山ほど舞い込んできた。

ナウルは格好のカモとなったのである。一九九一年末、ナウル・フォスフェート・ロイヤリティーズ・トラストは、シドニーに事務所のある弁護士事務所「アレン、アレン&ヘルムスリー」の共同出資者の一人であるロナルド・ポールズ（Ronald Powles）に八五〇〇万ドルを信託した。ロンドン在住のロナルド・ポールズは、すぐにこのおカネをロンドンの金融街にある銀行の口座に移し替えた。その後、この大金は、イギリスの金融機関を経由して、アメリカの銀行からカリブ海に浮かぶ島国アンティグア・バーブーダの銀行へと送金された。さらにスイスの銀行も経由していた。ナウルは預けたおカネの流れがつかめなくなり、数カ月後にはこの「高度なファイナンス」を実行した首謀者であるロナルド・ポールズに会計報告するように迫った。

しかし、ポールズ以外にもこの件に関与した者が複数存在したこともあり、おカネの流れは複雑きわまりないものになっていた。太平洋に浮かぶ小さな島ナウルが、これまでに資金運用のためにロナルド・ポールズに信託した金額は六〇〇〇万ドルにものぼったが、すべてどこかで蒸発してしまったのである(*1)。

一九九四年一二月、ナウル・フォスフェート・ロイヤリティーズ・トラストは、オーストラリアの不動産開発業者デビッド・マリナー(David Marriner)からメルボルンのクイーン・ヴィクトリア地区にある古い病院を五〇〇〇万ドルで購入した。後日、ナウルは、この不動産業者が六カ月前にこの物件をヴィクトリア州政府からたったの一五〇〇万ドルで購入したことを知った(*2)。

もう一つの懸念すべき兆候として、ナウルで政治不安が顕在化したことである。「ハマー」・デロバートは、政敵バーナード・ドウィヨゴに政権を奪われた一九七六年から一九七八年にかけての時期を除き、一九六八年から一九八六年までナウルを独占支配していた。政治的安定期は、島の黄金時代とピッタリと一致する。ところが一九八〇年代中盤になってくると、ナウル建国の父であるデロバートの前に、ケナン・アデアン(Kennan Adeang, 1942–)、ラグモット・ハリス(Lagumot Harris, 1938–1999)など、権力を手に入れようとする連中が立ちはだかった。

一九八六年からは、大統領が次々と入れ替わった。政治的裏工作や議会の急変により、二二年間に二三人の大統領が登場した。独立してから四〇年間に、ナウルには二七の政権が誕生した。バーナード・ドウィヨゴは二五年ほどの間に六回も大統領に選出された。彼の任期は、数カ月間、あるいは数日間の場合もあった（例えば、バーナード・ドウィヨゴの一九九六年の大統領就任期間は、一一月一一日から二六日までの一五日間であった）。三年間の任期を満了した最後の大統領は、二〇〇四年に就任したルドウィグ・スコッティ（Ludwig Scotty, 1948–）である。ナウルでは、これは快挙である。スコッティは、二〇〇七年八月に再選を果たすが、そのときは四カ月後に解任されてしまった。

島の政治指導者の振る舞いは、売れっ子芸能人のような気まぐれぶりで、閣僚はしばしば国家のおカネと自分の財布を混同するありさまであった。閣僚の妻や子どもをはじめとする親族全員が国家のおカネをネコババした。ナウル政府には、せいぜい六人の閣僚しかいないのに、政府の運営費は、驚くべきことに年間五〇〇〇万オーストラリア・ドル近くもかかった。

しかし、この小さな島では、ほんの少しでも公務に興味のある者であれば、一夜にして大臣になることができる。ところが、その政治能力には不安がつきまとう。元財務大臣のアロイシウス・アムワノ（Aloysius Amwano, 1955–）は、オーストラリアの有力テレビ局ＡＢＣの番組内で、自分には財政に関する専門知識がまったくないことを認めた（＊3）。

一九九二年末、ナウル大統領の特別補佐官であるケリー・エミュ（Kelly Emu）から電話をもらったデューク・ミンクス（Duke Minks）は小躍りした。というのは、ミンクスのプロジェクトであるレオナルド・ダ・ヴィンチの生涯を描いたミュージカルに、ナウル政府が資金提供すると申し出たからである。その数週間前、ミンクスはエミュにこのミュージカルのさわりを聴かせたのだが、これに大いに感動したエミュは、このプロジェクトをナウル大統領に報告すると約束していた(*4)。ミンクスはナウル政府のビジネス・アドバイザーであったことから、ナウル人とは太いコネクションがあった。しかし、この件に関しては、ミンクスの個人的なプロジェクトであった。エミュにちょっとした予告編を見せたミンクスは、このミュージカルへの出資をナウルに承諾させたことで有頂天となったわけである。

イギリスのリバプール出身、四七歳のミンクスにとって、音楽業界での仕事は、これがはじめてではなかった。彼は一九六〇年代に流星のごとく現れて消え去った「ユニット4＋2」というポップス・バンドのマネジャーを務めた経験があった。ミンクスはビジネスマンに変身した後も、音楽業界での成功を夢見ていたのである。

こうしてミンクスは、ロンドンでのミュージカルの制作に取りかかった。ナウル政府は、このプロジェクトに四〇〇万オーストラリア・ドルを出資した。一九九三年六月三日の晩、ロンドンの高級ホテル、ワードルフのロビーには、三つぞろいの背広を着たナウル政府の閣僚全員が集まった。バーナード・ドウィヨゴ大統領は、政府特別機でロンドンにやってきた。ロンドンのストランド劇場で、レオナルド・ダ・ヴィンチの生涯を描いた「A Portrait of Love」の初日を観るために、総勢四〇名のナウル人が地球の裏側からやってきたのである。イギリスのメディアでは、聞いたこともない国がスポンサーとなったミュージカルということで、話題となった。イギリスで、かつてナウルがこれほど話題になったことはなかった。四〇〇万ドルを出資した文化メセナに熱心なナウルは、あのレオナルド・ダ・ヴィンチの生涯についての新たな解釈を、ミュージカルを通して提示したのである。

四時間後にミュージカルの幕が下りたとき、劇場にはほとんど客の姿がなかった。初日公演の後のパーティでは、ダ・ヴィンチとモナリザの関係に想像をめぐらすミュージカルに対し、批判のコメントは禁物であった。ドウィヨゴ大統領以下、パーティに出席したナウル人全員は、喜びで顔が紅潮していた。だが、その一カ月後、このミュージカルは、ロンドン・ミュージカル史上最大の駄作の一つという烙印を押されたあげく、閉幕することになった。

一九九〇年代初頭、ナウルはさまざまなトラブルに見舞われた。一九九二年七月、建国の父「ハマー」・デロバートがメルボルンの病院で息を引き取った。政治状況はさらに不安定となり、政府関係者の職務怠慢はさらにひどくなった。一九九三年五月、ナウル・フォスフェート・ロイヤリティーズ・トラストのオーストラリア人事務局長ジェフリー・チャットフィールド

(Geoffrey Chatfield) は、ナウル政府のたび重なる無責任ぶりに激怒して辞職してしまった。トラストの浪費ぶりが目にあまったのである。

この年の五月末、それまで自国の政治家たちのいい加減さに目をつぶってきたナウルの島民は、ついに怒りを爆発させた。それはロンドンでミュージカルが開幕する数日前の出来事であった。ロンドンに向かうナウル高官たちが、島の空港でエア・ナウルのボーイング機に乗り込んだとき、滑走路周辺で奇妙な団体がデモ行為を繰り広げているのが、彼らの目にとまったのである。数人の警察官の制止にもかかわらず、四〇名ほどの女性のデモ隊は、口々に何かを叫んでいるではないか。彼女たちは、高官たちが鑑賞しに行くミュージカルを、けしからん浪費行為であるとして糾弾したのである。手に掲げるプラカードには、次のような文句が踊っていた。

「われわれの大金はどこへ消えた？　デューク・ミンクスのポケットだ！」

「政治家どもはますます金持ちになり、肥え太る。国民はさらに貧しくなり、子どもたちはやせ細る」

ナウルの国民が公に不満を表明したのは、これがはじめてであった。そして声をあげたのは女性であった。デモに参加したマリア・ガイヤブ (Maria Gaiyabu) は次のように語った。

「みんなの耳に届くように、私たちは歌って踊ったのよ。そして泣いたの。警察官もよ。彼らのなかには、私たちの兄弟や甥、おじさんや夫もいたわ。彼らは涙ながらに、お願いだから家に戻ってくれと、私たちを説得したわ」

女性たちは滑走路に座り込み、ロンドに向かう政府高官たちに、機内から降りるように呼びかけたのである。離陸準備に入っていたエア・ナウルの飛行機は、彼女らのデモ行為によって三時間以上も滑走路で釘づけとなった。ついに大統領一行は、説明のために飛行機から降りてきた。彼らがロンドンに向かったのは、その数日後であった。

マリアは言う。

「あれは私たちにとって勝利の日だったわ」

ナウル国内は極度の緊張状態にあったことから、ナウルの高官たちは、ヨーロッパから帰国すると事態の沈静化を模索した。ちょうどそのとき、良いニュースが飛び込んできた。ナウルがオーストラリアの統治下にあった時期に、オーストラリアがナウルの地下資源であるリン鉱石を採掘したぶんにつき、損害金として五七〇〇万ドルをその年に支払う準備があると申し出たのである（この交渉の枠組みにおいて、イギリスとニュージーランドは、それぞれ八〇〇万ドルをナウルに支払うことになった）。この紛争はオランダのハーグにある国際司法裁判所に持ち込まれたが、オーストラリアは調停を望んだ。ダウン寸前のナウルの経済は、ゴングに救われた格好であった。一息ついたドウィヨゴ政権は、数カ月後には、ナウル・フォスフェート・ロイヤリティーズ・トラストから直接、二三〇〇万ユーロを国民に分配することを決めた。これは一世帯あたり二万ユーロの支給額である。政府は島の「戦利品」を大盤振る舞いすることで、国民の不満を抑え込もうとした。無駄づかいを改める気のない政府は、これまでどおりの公務を続行した。

一九九〇年代は、あたかも島全土に警鐘が鳴り響いたかのようであった。リン鉱石の採掘現場の面積は、島の八〇パーセントに達した。ナウルの破滅を示す掘削跡が、数平方キロにわたって広がっていた。二一世紀になって、島には草木は多少なりとも生えてきたが、荒廃した掘削跡を隠すまでには至っていない。自然が比較的残っているのは、島の外縁部だけである。二〇世紀初頭のナウルの写真を見ると、アスファルト舗装される以前の細い道の両脇には、ココヤシの木が密生して森になっていたことがわかる。だが、それから一世紀後には、島には数本のココヤシの木やユーカリの木を除き、木がほとんどない状態になってしまった。森を切り開いて建てられた道路沿いの住宅は、メンテナンス不足からあばら屋状態となっている。

リン鉱石産業の衰退は危険水域に達した。年間産出量が五〇万トンを下まわったのである。採掘に必要な設備や道具は老朽化し、修理されることもなければ、買い替えることもなかった。オーストラリアの技術者や地質学者は、リン鉱石の埋蔵量が枯渇に向かうことで、操業に見合う安定した産出量が確保できなくなることから、リン鉱石産業は二〇〇〇年代初頭には終了するであろうと予測した。一九九七年には、リン鉱石の産出量は過去最低を記録した。

だが、ナウル政府は歳出を削減する気がない一方で、歳入を必要とした。一九八〇年代から九〇年代にかけて、ナウル政権は相次ぐ借金を重ねた。例えば、ナウルの経済活動を多様化させるために、アジア開発銀行から融資を取りつけ、公務員の給与の支払いや地主のロイヤリティの支払いのたびに、外国の銀行から少額の資金を借り入れた。島は、人工呼吸器なしではやっていけない状態となったのである。ナウルは、借金の利払いに借金を重ねることを強いられるという悪循環に陥った。九〇年代末、政府はアメリカ系の巨大多国籍企業ゼネラル・エレクトリック社から二億六八〇〇万オーストラリア・ドル（約一億六五〇〇万ユーロ）の巨額融資契約を取りつけた。だが、ナウルは返済できず、この融資は焦げつくことになる。

さらには九〇年代末、ナウル社会の悪を体現する人物が現れた。レネ・ハリス（René Harris, 1947–2008）である。島で多くの人々と会話するうちに、レネ・ハリスの出現は、地獄の入り口で悪魔に出会ったものといった印象を受けた。

「レネか。奴はナウルの墓掘り人だ」

「あいつは単なる泥棒だよ」

レネ・ハリスは、野心に満ちた、あくどい、贅沢好きな、誇大妄想に取りつかれた政治屋であったという。彼を評して「人間のクズ」と吐き捨てるナウル人もいた。いずれにせよ、思いつくかぎりの悪い形容詞で塗り固められた人物である。だが、ナウルの人々全員が彼を「レネ」とファーストネームで呼んでいた。レネはナウルの大統領ではあったが、全員に忌み嫌われたとしても、やはりナウル人にとっては、彼は同郷人であり、同窓生であり、遠い親戚なのであった。

二〇〇四年に議会の不信任決議により大統領を辞職すると、彼は表舞台から姿を消した。しかし、島における彼の影響力は健在であった。リン鉱石工場の出火原因を自分の政敵の仕業だと主張したり、選挙に向けた裏工作をおこなったりした。ハリスは政治的な裏工作が大好きであった。ナウルの国営海運会社であるパシフィック・スターラインの局長を務めた後に、ナウル・フォスフェート・コーポレーションの理事となり、巧みに陰で糸を操る術《すべ》を心得ていた。ハリスが最初に大統領に就任したのは一九九九年であった。彼は長年にわたってライバルであるバーナード・ドウィヨゴと権力闘争を繰り広げてきた。一九九九年に数回にわたる議会の不信任決議により、ドウィヨゴは大統領の座から引きずり下ろされたのである。九〇年代、ナウル議会はしばしば活動を停止した。大統領に就任したハリスを取り巻く状況はきわめて厳しかった。リン鉱石の産出量の低迷に加え、政府のたび重なる愚かな歳出が重石となり、ナウル経済は、景気低迷どころか、水没する恐れがあった。

だが、レネ・ハリスは現実を直視せず、国民や債権者の切実な声に耳を傾けようとはしなかった。彼の政治手法は、国の金庫におカネがうなるようにあったナウル黄金時代とまったく同じであった。

レネは、妻や孫たちを連れてアジアで休暇を過ごした。移動の飛行機はコンコルドで、妻には宝石を買い与え、おカネに糸目もつけず洋服をオーダーメイドした(*5)。自国がますます窮乏していることなど、これっぽっちも顧みなかった。彼は、国民の運動不足解消を訴えるために、空港の滑走路付近の道路を二キロ歩いて見せた。といっても、この啓蒙パフォーマンスは一回かぎりであったが。彼の政治手法とは、究極の大衆迎合型であった。

二〇〇四年、オーストラリアのテレビ番組で、青のアロハシャツを着てマイクロフォンを手にしたナウル大統領が踊り狂っている光景が放映された。ミュージシャンに囲まれて全身をブルブル震わせる大統領の姿は視聴者の笑いを誘ったが、これと似たような有名な光景として、ロシアのミュージシャンをバックに、せわしなく腕を振り振りしながら踊ったのはボリス・エリツィンである。これはほぼ同時期の出来事である。国民はこうした光景をニュース番組で繰り返し見ては喜んだ。彼の妻が見守るなか、ダンスのステップを刻んだレネ・ハリスもまた、エキゾチックなダンスを国民に披露したのである。

レネ・ハリスはメルボルンに別荘をつくり、しばしば長期滞在するようになった。糖尿病の彼は、たびたび入院を余儀なくされたことで、ナウルでは彼の姿を見かけないようになった。彼はナウルから五〇〇〇キロ離れたメルボルンにあるビルディング「ナウル・ハウス」の豪華な大統領執務室に陣取り、ナウルにいる自分の代理人に、国政に関する指示を出していた。ナウル・ハウスの最上階から窓の外を眺める彼は、自分の帝国が荒廃した島になってしまったことに気づいていたのであろうか――。

註

＊1 Chris Masters, "Island Raiders," Four Corners, ABC Australia, September 2004.
＊2 Kalinga Seneviratne, "Nauru Turns to Dust," *Asia Times*, Hong Kong, 26 May 1999.
＊3 前掲 Chris Masters, "Island Raiders."
＊4 Sabine Durrant, *The Independent*, 10 March 1993.
＊5 Robert Keith-Reid, "Revolt Looking in Nauru," *Pacific Magazine*, 1 November 2001.

V 犯罪支援国家

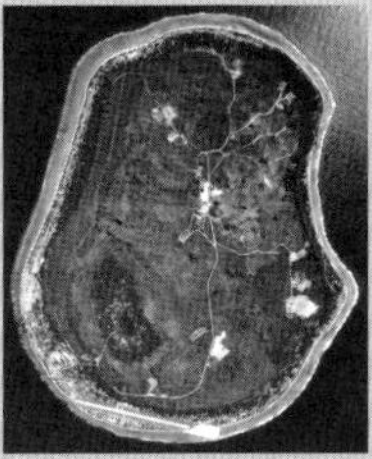

それは何の変哲もない建物のように見える。このクリーム色の壁の小さな木造の家は、あばら屋のようでもあった。島の外周道路から少し中に入ったところで、数本のヤシの木の下にひっそりと建っている。表札には「ナウル・エージェンシー・コーポレーション」と記されていた。建物は閉まっているようであるが、通り行く人の関心を引くような雰囲気は一切感じられない。だが、国際社会にとって、この小さな建物は、数々の心配の種を生み出したのである。

海岸から数百メートル離れたところにあるナウル・エージェンシー・コーポレーションは、実際には住所だけの存在である。ナウルは世界最大のタックス・ヘイブン（租税回避地）の仲間入りを果たしたのである。マネー・ロンダリング（資金洗浄）に目を光らせるOECD（経済協力開発機構）やアメリカの金融犯罪取締ネットワーク（FinCEN）といった機関は、ナウル・エージェンシー・コーポレーションが、純然たる銀行ではないことを完璧に把握していた。九〇年代末、ナウル・エージェンシー・コーポレーションは、少なくとも四〇〇の「ダミー銀行」を抱えていた。何の実態もないこれらの銀行には、住所と郵便箱しかなかった。

当時、ナウルで銀行を開設するには、ナウル・エージェンシー・コーポレーションに登録料として二万五〇〇〇米ドルを振り込めば手続きが完了し、これだけで銀行業のライセンスを手に入れることができた。また、銀行ライセンスの更新料として、毎年一〇〇〇ドルが必要とされた。こうした一連の手続きは、インターネット上で可能であった(＊1)。

ナウルのダミー銀行を使った金融操作は合法であった。ロシアン・マフィアの非合法なマネーが、ナウルのダミー銀行を経由することで、合法なマネーになった。フランスなど、国によっては、ナウル経由の金融取引を容認しなかった。実際に二〇〇二年二月、リオネル・ジョスパン内閣は、フランスの金融機関に対し、ナウルに拠点を置く金融機関との取引を制限する法令さえ打ち出した(＊2)。

汚れたマネーは、ケイマン諸島やバハマ〔ともにカリブ海の西インド諸島の国〕、ニウエ〔ニュージーランド北東、トンガの東、サモアの南東に位置する島国〕、リヒテンシュタイン〔スイスとオーストリアに囲まれた公国〕、そしてナウルにあるダミー銀行を経由して浄化された。ナウルの銀行に振り込まれたおカネは、数週間あるいは数カ月のうちに、何の痕跡も残さず正規の金融ルートに流れ込んだ。いわゆる資金浄化という金融オペレーションは、一日に数百件にものぼった。

一九九八年、ロシア中央銀行のヴィクトール・メルキノフ(Viktor Melkinov)は、自国のマフィアがナウルの金融機関を通じて、七〇〇〇万米ドルを資金浄化したことを突き止めたと発表した(＊3)。従業員が一人も存在しない銀行から、いくつかの名前が浮かび上がってきた。アメリカはそのスキャンダルのとばっちりを受けた。バンク・オブ・ニューヨークは、七〇億ドルもの大金を資金浄化したと糾弾されたのである。バンク・オブ・ニューヨークの行員二名（そのうち一人は副頭取）は、ロシアン・マフィアの資金浄化を目的とした複雑な金融操作を実行したが、ロシアン・マフィアは彼らにその報酬として、およそ一八〇万ドルを支払った。この一連の不正な金融取引には、一六万行にものぼる銀行が介在し、もちろんナウルのダミー銀行「Sinex」もこれに絡んでいた（＊4）。この金融スキャンダルは金融界を揺るがし、太平洋の小さな島にある国際金融機関に対して世界中から非難の声が上がった。OECD事務局内に設置されている政府間組織「マネー・ロンダリングに関する金融活動作業部会（FATF）」（＊5）は、ナウルをブラックリストに載せた。

二〇〇二年、ナウル国のパスポートを持つ国際テロ組織アルカーイダに関わりのあるテロリスト二名が逮捕された。その年の一二月、中国でアメリカ人を殴った容疑で逮捕された別の人物は、複数のパスポートを所持していたが、そのなかにはナウルのパスポートも交じっていた。バンク・オブ・ニューヨークのスキャンダルの後に、またしてもアメリカの怒りの矛先はナウルに向いた。アメリカ同時多発テロ〔二〇〇一年九月〕の直後に、テロとの対決は国際的な最重要課題となったのである。当時のアメリカ国務長官コリン・パウエルは、ナウルを「ならず者国家」と指摘した。二〇〇三年、国際的なテロ資金対策として、アメリカは自国の金融機関がナウルと一切の関係を持ってはならないと定めた。ダミー銀行やパスポートの件で失点を重ねたナウルは、国際社会からの信頼を完全に失った。

調査の結果、ナウルのパスポートは、一冊あたり一万五〇〇〇ドルから三万五〇〇〇ドルで、かなりの量が販売されていたことが判明した(＊6)。このパスポートの密売により、ナウル政府には七四〇〇万ドルの収入があったとみられている(＊7)。パスポートの販売を手引きしたのは、中華系アメリカ人のポール・リトル(Paul Little)という人物が経営する、ワシントンに拠点を構え、香港やマカオにも事務所を持つトランス・パシフィック・デベロップメント・カンパニー(TPDC)という企業であった。パスポートの販売から生じた収益は、複数のペーパーカンパニーなどを通した複雑な資金移動の末に、いつのまにか蒸発してい

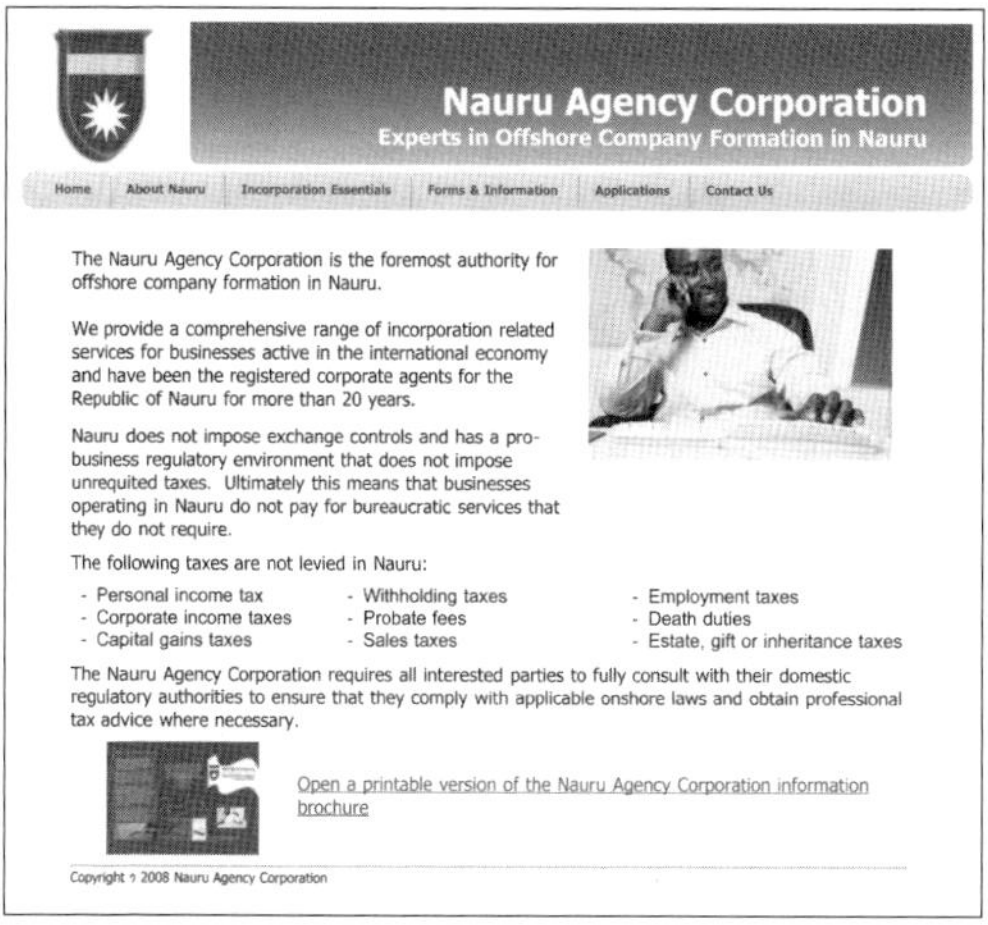

「ナウル・エージェンシー・コーポレーション」のホームページ.
2010 年時点でも，いまだウェブ上に存在し続けている.
(出所：http://www.nauruoffshore.com)

た。だが、複雑怪奇な資金の流れを、もつれた糸を解きほぐすように追っていくと、TPDCから数百万ドルがなんとナウルの大統領を交互に務めていたバーナード・ドウィヨゴとレネ・ハリスの懐に転がり込んでいたのである。

二〇〇〇年代初頭、貧すれば鈍するナウルは、不正行為に手を染めた。ナウルの国際社会における評判は、一気に悪化した。ナウルはタックス・ヘイブン（租税回避地）として名を馳せたのである。ナウル高官に対して馬鹿丁寧な態度で接してくる狡猾なビジネスマンも現れた。二〇〇三年、三人のオーストラリア人ビジネスマンは、ナウルを租税回避地としての機能を充実させた巨大金融センターにしてはどうかと申し出た。つまり、国際投資、銀行免許、便宜船籍、オンライン賭博行為といったサービスを提供する金融センターにするというのである（＊8）。儲けはナウルと三人のビジネスマンで山分けして、三人には免責特権が付与されたナウルの外交官パスポートを発給するという計画であった。しかし、オーストラリアのメディアがこの三人の悪だくみを暴いたことで、悪事は実現しなかった。

テロ行為の根絶に躍起となっていたアメリカ当局は、ナウルのでたらめな行政に苛立ち、事態を説明させるためにバーナード・ドウィヨゴ大統領を呼び寄せた。糖尿病を患って、すでに大変病弱であったドウィヨゴは、アメリカで心臓発作を起こし、アメリカ政府の配慮から、ジョージ・ワシントン大学病院に入院した。ドウィヨゴは書面にて、ナウル政府は非合法な行為から足を洗うことを確約した。その数日後に彼は息を引き取った。例のごとく、政敵レネ・ハリスがドゥィヨゴの後継者となったのである。

自国パスポートの無審査販売、銀行ライセンスの大盤振る舞い……。存亡の危機にあったナウルは、不正行為に手を染めた。雪だるま式に国の借金が膨れ上がったことで、絶望感にさいなまれたナウルは、無駄な抵抗を繰り返したが、その後、数年かけて信頼の回復に努めた。二〇〇五年からは、ナウルのマネー・ロンダリング撲滅に対する取り組みが評価され、ナウルは「マネー・ロンダリングに関する金融活動作業部会（FATF）」のブラックリストからは外されたが、充分な監視が必要という評価は相変わらずであった。

島の唯一の金融機関であるナウル銀行は 1999 年に破綻した．この破綻により，リン鉱石マネーを貯蓄していたナウル国民たちの預金は吹き飛んだ．

一九九〇年代末、島で唯一の合法銀行であるナウル銀行は、現金不足により店舗を閉めた。銀行の預金を一日にして失ってしまった人々は大勢いた。彼らのなかには、リン鉱石のロイヤリティから貯蓄して一〇〇万ドルを超える預金を持っていた者もいた。ナウル銀行の破綻により、ナウルの海外資産売却に拍車がかかった。ゼネラル・エレクトリック社からは二億六八〇〇万ドルの融資の返済を迫られた(*9)。借金まみれのナウルは、次々と押し寄せる債務の荒波にのまれて溺死寸前であった。ナウルは、ゼネラル・エレクトリック社に対する債務の利払いだけで、一八〇〇万ドルも負担しなければならなかった。二〇〇四年、ナウル政府は、債務返済のためにオーストラリアにあるすべての資産を売却することを決意した。もちろん、「ナウル・ハウス」ビルディングも一億四〇〇〇万オーストラリア・ドルで売り払うのだ。ナウルはまさに崖っぷちに追い込まれたのである。

註

*1　二〇一〇年現在、インターネット・アドレス(http://www.nauruoffshore.com)はいまだ有効である。
*2　財政、金融に関する法規L五六二—二条に準じた二〇〇二—一四五の政令。
*3　Jack Hitt, "The Billion-dollar Shack," *New York Times*, 10 December 2000.
*4　同前。
*5　FATFは、一九八九年にパリで開催されたG7首脳会議の後に誕生した。この組織の目的は、資金浄化の実態の把握と防止である。FATFは法的拘束力を持たないが、資金浄化に関与していると思われる国をリストアップした報告書を発表している。
*6　Michael Field, "Nauru's Passport Secret," <www.michaelfield.org>, 24 April 2006.

＊7　Radio Australia, 14 March 2005.

＊8　Craig Skehan, "What Nick did Next: A Plan to Run Nauru," *Sydney Herald Morning*, 1 March 2003.

＊9　Chris Masters の取材番組「島の乗っ取り野郎」（Chris Masters, "Island Raiders," Four Corners, ABC Australia, September 2004）によると、レネ・ハリス政権は、オーストラリアの債務買い戻しを専門とするＢＡＣＦ社の救済を求めることで、ゼネラル・エレクトリック社の融資リスケジュールを試みた。レネ・ハリスや彼の取り巻き連中は、ＢＡＣＦ社から賄賂を受け取ったとされる。レネ・ハリスは、一時、ＢＡＣＦ社の株主でもあった。

VI

難民収容島

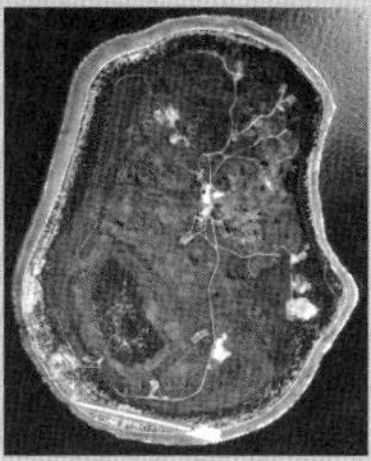

二〇〇一年八月末、太平洋沖合を航海していたノルウェーの貨物船MVタンパ号は、オーストラリアの沿岸警備隊から木製の小舟が沈没寸前の状態にあるという緊急連絡を受けた。舟には大勢の人が乗っているという。

ノルウェー人船長アルネ・リンナン（Arne Rinnan）は、彼らを救助するためにタンパ号の進路を変えた。現場に到着すると、難民を満載した小舟は、たしかに沈没寸前であった。リンナン船長は、子ども四三名を含む総勢四六〇名の「ボートピープル」を乗船させた。そのほとんどがアフガニスタン人で、彼らは、幸せに暮らすことのできる世界への入場料として、彼らにとっては大金である五〇〇〇ドル以上の大金を、全財産を処分して支払ったのである。彼らのほとんどにとって、この航海は、数ヵ月にわたる大旅行の最終行程であった。彼らはタリバーンから逃れ、パキスタン国境から密出国し、マレーシア経由インドネシア行きの飛行機に乗った。亡命を手引きする手配師が差し出す食料で食いつなぎ、インドネシア内では居場所を転々とした。そしてある晩に、全長二〇メートルほどの、ちっぽけな舟「パラパ1号」に乗り込み、一路、オーストラリアをめざしたのである。

ボート上の衛生状態はひどかった。多くのアフガニスタン人は憔悴し、赤痢にかかった者もいた。リンナン船長は、彼の貨物船では五〇〇人もの人数を収容できないことから、大きな不安を感じた。彼は、救出した人々をインドネシア領土に上陸させてもよいという連絡をインドネシア当局から受けた。これを知ったボートピープルの代表者は、オーストラリアのクリスマス島へ向かうように強く希望した。

「私たちはオーストラリアに行きたいのだ。われわれに失うものは何もない」

彼らの態度はかたくなであったことから、リンナン船長はこれに従った。しかし、保守派のジョン・ハワード（John Howard）首相の命を受けたオーストラリア当局は、ボートピープルがクリスマス島に上陸することをきっぱりと拒否した。オーストラリア軍はタンパ号を包囲した。オーストラリアの特殊部隊が突然乗り込んでくると、タンパ号の船内は、極度の緊張感に包まれた。アフガニスタン人の間に動揺が広がった。その一方で、特殊部隊の兵隊たちも、自分たちの任務が実際のところ何であるのか、よくわからなかった。事態は一触即発であった。リンナン船長は、事態の鎮静化を図るため、クリスマス島の沖合二万マイルに貨物船を停泊させた。この間に、アフガニスタン人たちと、インドネシア当局、オーストラリア当局の間で話し合いがもたれたが、決着がつくまでに一〇日間を要した。

この現場から数千キロ離れたところにあるナウルでは、国の金庫が空っぽになっていた。リン鉱石の輸出量はまだ年間数十トンあったが、ナウルを蘇生させるためには、まったくもって不充分な売上高であった。借金で首がまわらないナウルは、不況のどん底に沈み込んでいた。そんなとき、ナウル大統領レネ・ハリスのもとに、オーストラリア首相ジョン・ハワードから電話がかかってきた。

「オーストラリア首相が私に助けを求めてきた。彼はオーストラリアに密入国しようとする難民の問題に頭を悩ませていた。ナウルで彼らを受け入れてくれるのであれば、大型の財政支援を約束すると、彼は私に申し出た。そこで私は、ナウルの危機的状況を考慮して、彼の申し出を承諾したのだ」

二〇〇一年九月初頭、この政治取引は成立した。ナウルは難民認定申請者を受け入れる施設を島に二カ所開設する。その見返りに、オーストラリアは、破綻状態にあるナウルに物流資材や経済援助を供与する。オーストラリアでは、この取引は「パシフィック・ソルーション〔太平洋の解決策、平和的解決〕」と呼ばれた。年間三〇〇〇万オーストラリア・ドルのマネーの前に、ナウルはひざまずいたのである。オーストラリアとしては、自国の保守政権に対する世論からの攻撃をかわす必要があった。その直後、オーストラリア国民を納得させる突拍子もない出来事が起こった。九月一一日、ニューヨークの世界貿易センタービルが崩壊した同時多発テロ事件である。国政選挙の直前に、ジョン・ハワード内閣は、これらのアフガニスタン人がテロリストとなる可能性もあることを国民に示唆した。

二〇〇一年一〇月、ナウルはタンパ号の難民三〇〇人を受け入れた。突貫工事で建設された難民キャンプがオープンし、警察官、警備員兼建設作業員、外交官、公務員など、オーストラリアから数十名が難民キャンプの応援に駆けつけた。難民を乗せた別のチャーター船は、パプアニューギニアのマヌス島にも向かった。オーストラリアでは、手ぎわのよい難民処理によっても、難民認定申請者をめぐるスキャンダルを払拭することはできなかった。オーストラリアの国会では、野党は、難民の人権を尊重していないとして、ハワード首相を激しく追及した。一方、国連をはじめとする国際機関やNGOは、「パシフィック・ソルーション」を糾弾した。およそ一年間にわたって、ほとんど毎日、オーストラリアのテレビ局はナウル問題を詳細に報道した。

オーストラリアでは、NGOや野党は、この政治的駆け引きに満ちあふれた協定に対して断固抗議した。オーストラリアが自国領土に迎え入れたくない難民を、財政難にあえぐ国に押しつけるために、経済援助を条件としたのである。難民認定申請者は、値段がついた外交上の商品と化したのである。オーストラリア社会は、こうした非人道的な行為に不快感を覚えた。テレビカメラでこっそりととらえた、ナウルに収容された難民の困惑した姿が報道されると、この事件は国際的な反響を呼んだ。だが、ハワード首相と彼の属する自由党は動じなかった。ハワード首相は、二〇〇一年末に次のように宣言している。

「われわれはオーストラリアに誰がどんな事情で入国するのかを決定する」

その後、オーストラリア当局は、難民が海上で子どもを海に投げ捨てたという嫌疑について、証拠写真まで持ち出して難民グループを糾弾した。

難民たちは、自分たちとは何の関係もないテロ対策という名目で、それまで名前さえ聞いたことがなかった国に収容された。彼らボートピープルは、新たな世界でまともな暮らしがしたかっただけである。それが数年間待ったあげく、命からがら移動して、オーストラリアから数千キロ離れた太平洋に浮かぶ孤島にたどり着いたのである。

それから四年後、レネ・ハリスはナウル大統領の座から失脚していたが、そのときの判断については、まったく後悔していないと述べた。

「あのとき、他に方法があっただろうか。われわれにはまったくおカネがなかった。あの難民キャンプを誘致したことにより、われわれは明るい未来を手に入れた。すなわち、〝難民なくしてナウルなし（No refugees, No Nauru)〟だ。もう一度言う。あのとき難民を受け入れていなければ、今のナウルは存在しなかったのだ」

二〇〇二年、「パシフィック・ソルーション」に象徴されるオーストラリア政府のかたくなな態度に対し、国際世論の非難は強まった。このナウルの事例は、退行的な移民政策であるとして、欧米のメディアは強い関心を持つようになった。オーストラリアの歴史を振り返ると、移民政策に関して、しばしば正反対の政策が打ち出されてきたことがわかる。とくにオーストラリア先住民に対して、しばしば社会的な制限を加え、さらには人種隔離政策が施されてきた一方で、一九七〇年代には、ギリシャ、ユーゴスラビア、アルバニアなどから移民を大量に受け入れた。オーストラリアという国は、本質的には移民国家なのである。だが、オーストラリア自由党は、こうした外国人の流入に歯止めをかけたかったのである。オーストラリアがナウルを併合しているかのように見えることからも、「新植民地主義」という批判は妥当かもしれない。実際に、オーストラリアのナウルに対する行政手法は、第一次世界大戦から第二次世界大戦までの間の時期の植民地統治のようであった。

ナウルでは、島にある二カ所の難民キャンプしかまともに機能していなかったこともあって、オーストラリアの内政干渉は、好ましくないと思われた面もある。オーストラリア政府の許可なしに、勝手にナウルに接近してはならないと宣言したこともマイナス・イメージをかもし出した。ジャーナリストは招かざる好ましくない人物となり、ナウルの入国ビザの発給は制限された。しかし、ジャーナリストのなかには、「政治的亡命者」が留置されている状況を取材するために、観光客を装って入国しようとする者もいた。この時期、ナウルには難民が次々と送り込まれてきた。

自国の領土と運命の自主管理をめざすナウルは、巨大な野外収容所となった。すぐに老朽化する難民キャンプは、島の最優先事項として改装された。ナウルには、多くの子どもも収容された。二〇〇二年四月、難民認定申請者は、難民キャンプにおける待遇が酷いと訴えた。難民認定までの間、人目から遠く離れた仮設住宅にすし詰めにされる生活に対する不満から、彼らはハンガーストライキを決行した。自分の唇を糸で縫って抗議する者まで現れた。

世界から見捨てられたこれらの男女は、難民専門のオーストラリア人弁護士の支援を受け、ビザを獲得するために、数カ月間、さらには数年間にわたる行政との長い闘いを、ナウルの地から繰り広げた。しかし、ナウルという辺境の地に閉じ込められ、支援者との面会もままならないことから、「政治的亡命者」は疲弊していた。彼らの要望をきちんと扱うための仕組みは一切なかった。これらの難民キャンプは政治的な産物であり、彼らのオーストラリアやニュージーランドでの居住を許可する難民認定のペースは、恐ろしく遅かった。

難民キャンプが開設されたことで、島の暮らしは著しく変化した。難民キャンプのおかげで、島の暮らしが成り立つようになったのである。数カ月のうちに、難民キャンプは島の主要な活動になると同時に、唯一の収入源となった。難民キャンプで働く多くの駐在員の消費のおかげで、島の経済が稼働した。駐在員たちはメネン・ホテルに滞在し、中国人の店で買い物をした。ほとんどのガソリンスタンドはつぶれてしまっていたが、いまだに稼働している数軒のガソリンスタンドで彼らは給油した。こうした駐在員のナウルでの消費は、微々たるものと思われるかもしれないが、よく観察すると、かなりの経済効果があったことがわかる。二〇〇一年、ナウルは破綻に向かって突き進んでいたが、その三年後には、難民キャンプの運営のおかげで、ナウル経済はどん底から這い出し始めたかにみえた。

二〇〇四年、難民キャンプには一二〇〇名近くの難民認定申請者が滞在していたが、彼らの生活条件は改善された。アフガニスタン人、イラク人、パキスタン人たちは、何人かのナウル人の護衛に付き添われて、ときどき島を散歩することができた。日雇いのナウル人の護衛は、港やシビックセンターにあるインターネットカフェに彼らを連れて行った。難民認定申請者は、インターネットカフェで親戚や友人とメールのやりとりをして、ちょっとした食料を買うと、また難民キャンプに引き返すのであった。

「政治亡命者」が島にやってきたことで、島民の日常生活が混乱したことはなかったようだ。島民たちが難民のことを話題にすることは稀《まれ》であった。島の二カ所に難民キャンプが開設されたことで、職を得て家族を養うことができるようになった島民もいたが、大部分のナウル人にとって難民認定申請者など存在しなかった。「少なくとも、あの人たちは毎日食べているわ」

と語るナウル人女性もいた。ナウル人は毎日の食料を確保するために釣りに出かけなければならなかった一方で、そこから数百メートル離れたところでは、イラク人、アフガニスタン人、スリランカ人たちは、留置されながらも食事を与えられ、寝る場所をあてがわれていた。要するに、誰も他人の窮乏に思いを馳せる余裕などなかったのである。

二〇〇五年一一月、ナウルの難民認定申請者は二人だけになっていた。数日前に二十数名の難民が飛行機でオーストラリアに送られていった。ナウルに留置された難民認定申請者の運命が、「パシフィック・ソルーション」によって決定されるようになってから四年の歳月が経過していた。これまでに多くの難民認定申請者が自国に送り返されてきたが、難民認定を受けることのできた一部の幸運な者たちは、オーストラリア在留が許可された。

被収容者の数が減ったことで、難民キャンプの一つは閉鎖となったが、残された難民キャンプの監視は継続したことから、駐在員スタッフも残留した。オーストラリアの監視員、民間企業の従業員、難民キャンプのメンテナンスを担当する建設作業員、難民認定申請者の日常生活と彼らの活動を支援する国際移住機関（IOM）のスタッフなどである。

二〇〇五年末、難民キャンプに残っていたのは、イラク国籍のモハマド・ファイサルとモハマド・サガールであった。難民キャンプでは、なんと一五〇名近くの従業員が、たった二人の難民認定申請者のために働くという、奇妙な事態となった。

ナウルという小さな島で、たった二人の難民を留置し続けることになった。ナウルでの彼らの生活パターンは、数年前から決まっていた。彼らは難民キャンプにはあまり滞在せず、インターネットカフェで過ごしたり、あたりを散歩したりすることを好んだ。インターネットカフェの主人は語った。

「難民の連中なら、いつもここに来ているよ。今朝も一人、ここにいたよ。港に行ってごらんよ。今頃、海辺か大学周辺を散歩しているんじゃないかな。移民の一人が、大学で授業を受けているって話だよ」

ナウルの大学、海沿いにあるサウス・パシフィック大学（USP、南太平洋大学）は、まるで小学校のような雰囲気だ。一階には図書館とコンピュータ室があり、二階はがらんとした野外教室となっている。これがナウルの大学なのだ。フィジーのスバには、USPの本校がある。USPは、太

2005年，すっかり空っぽになった難民キャンプ．

平洋にある島々をイメージしている。つまり、太平洋の島々に住む人々が大学レベルの知識を身につけることができるように、オセアニア地域全体にたくさんの附属校があるのだ〔USPは、一九六九年にフィジーやツバルなどの島嶼国一二ヵ国が資金拠出して共同設立した高等教育機関である〕。

イスラーム帽をかぶり、綺麗にアイロンのかかったシャツを着たモハマド・サガールは三十代で、丸顔の笑顔を絶やさない人物であった。彼はUSPのコンピュータ室から出てきた。

「ナウルに来て三年になりました。ほとんどの時間、私は何もしていません。USPに来ると、時間はほんの少し早く過ぎてくれます」

モハマドは思いがけなくナウルにまでたどり着いた遍歴を語ってくれた。彼は、サダム・フセイン政権下のイラクにおいて、反体制分子として命を狙われたことから、五年間の逃亡生活を余儀なくされた。

「一九九七年に家族と一緒にイランへ出国しました。微生物学の勉強は断念しました。イラクでは命を脅かされましたが、イランでの生活も厳しいものでした。そこでオーストラリアに行く決心をしたのです」

モハマドは二年間、イラン、マレーシア、インドネシアとさまよい、オーストラリアの岸辺に到達することのできる船を探していた。すべては「新たな暮らしを始めるため」である。

二〇〇一年一〇月のある日、インド洋を渡る臨時船に乗り込める可能性があることを知った。

「全長一九メートルの舟で、船内は満員でした。二二〇名ほどが乗っていましたかね。しかし、オーストラリアに入国したい人々は山ほどいるから、手配師はできるかぎり多くの人を乗せようとし、どんどん人が増えていきました。だけど、最もつらかったのは航海そのものでした。船内は全員が神経をピリピリさせていて、ちょっとしたつまらないことで喧嘩になってしまうのです。船内で人が暴れると、舟は転覆しそうになりました。目に入るものといえば水平線だけ。本当につらかったです。しがみつくものさえ何もないのです」

舟は三日間漂流した。

「ようやくクリスマス島に接近すると、オーストラリアの沿岸警備艇が現れました。船内は酷い状態で、舟のなかに入ってくる水を皆でかき出していたところでした。沿岸警備艇が現れたことで、溺死だけはまぬがれたとほっとしました。つかのまの安堵の後に、自国へ強制送還されるのではないかという不安がよぎりました」

モハマドや他の密入国者たちにとって、さらにつらい日々が始まった。全員がオーストラリア入国のビザを手に入れたかったのである。モハマドは政治難民の認定を受けるための申請をおこなった。難民認定申請を審査するまでの間、彼らはパプアニューギニアのマヌス島の留置施設に送られた。モハマドはそこで一一カ月を過ごした。

「ある日、われわれの一部は軍用機に乗るよう命ぜられました。ナウルに移動することが告げられたのです」

ナウルに着くと酷い状況であった。

「夜に到着したのですが、国際移住機関（IOM）や国連難民高等弁務官事務所（UNHCR）のスタッフは、一人もいませんでした。そこにいたのはオーストラリアの警察官たちだけで、われわれは即座に難民キャンプへと送り込まれました。IOMの責任者と面会ができるまでに一カ月もかかりました。ナウルでの生活は、われわれにとって新たな試練でした。イラクから逃れてイランへ脱出した私は、気がつくとこれまで一度も聞いたことのない国にいたのです」

月日が経つにつれ、モハマドら難民認定申請者たちは、月に一回の外出を許可された。難民キャンプ内では、彼らの間に友情が芽生えた。

「だけど、ナウル人とはほとんど交流がありませんでした。彼らはわれわれがこの島にやってくることを要望していたわけではありませんからね。ナウルの人々にとっても、この島に一〇〇〇人もの人々がやってくることは、つらい出来事だったのではないでしょうか」

二〇〇五年、モハマドがナウルにやってきて四年目に入った。彼の友達全員はオーストラリアに滞在できることになったが、彼にはビザはおりなかった。

「難民キャンプは空っぽになりました。滞在者の人数は、三〇〇人になったかと思うと一〇〇人にまで減り、ついに二〇名ほどにまで減りました。残された者たちにもビザが発給され、われわれたった二人きりになったのです。この孤独は何事にも代えがたくつらいものです。昨夜、難民キャンプ内を歩きまわりましたが、おしゃべりする相手が誰もいないのです。ひとりぼっちでした。たった二人しかいないメリットとしては、難民キャンプから自由に外出できることでしょうか。でも、いったいどこへ行くというのですか」

月日が経っても、彼の処遇は未解決であった。彼によると、ナウルに閉じ込められた理由は、難民ボートから子どもを投げ捨てたのではないかという嫌疑が、彼にかけられたからであるという。

「あれは明らかに作り話です。しかし、オーストラリア政府は、われわれを陥れるために、この作り話を利用し、われわれのことを子ども殺しにでっち上げたのです。運悪く、私はまずい場所に、まずい時間にいたのだと思っています。現在、私はここナウルで辛抱強く待っているのです。でも、オーストラリアの移民局は、われわれ二人を精神的に参らせようと、審査を意図的に遅らせているのだと私は思っています。彼らにしてみれば、われわれが自分の国に戻ってほしいと思っているのでしょう。しかし、私はイラクに戻ることはできません。つまり、どの国も私を受け入れたがらないのです」

オーストラリア人の駐在員、難民キャンプの監視員、警察官、従業員などが滞在しているメネン・ホテルの隣には、オーストラリアの領事館がある。その朝、二人のオーストラリア領事の間で、権限委譲に関する非公式の会合がおこなわれた。オーストラリア領事館は二〇〇二年に開設されたが、当初は仮の設置であった。しかし、「パシフィック・ソルーション」によって、領事館は存続することになった。領事館の建物の賃貸借契約は毎年更新された。領事館の部屋の壁には、政治亡命者に対するビザの発給を審査する移民多文化先住民関係省（DIMIA）の書類も貼ってあった。

領事は外交口調で次のように語った。

「難民認定申請者の留置施設への滞在は、一時的なものにすぎません。彼らは過渡的な状況にあるわけです。われわれの責務は、個別の事情に応じて、的確な解決策を見いだすことです」

領事は続けた。

「ある意味では、こうした難民キャンプは、アジア諸国などからオーストラリアに入国しようとする人々全員に対し、オーストラリア政府が発信したいメッセージを具現するものでもあります。つまり、われわれの領土に不法に入国しようとする者全員に対して、われわれは強硬な対応にでる準備があるということです」

ナウルで数年間過ごさなければならないということは、難民認定申請を考える者に対して、たしかに心理的な抑止効果を生み出したといえよう。

もう一人の難民認定申請者モハマド・ファイサルは、庁舎の難民キャンプからほとんど外出しなかった。旧大統領官邸も二〇年ほど前まではこのあたりにあった。庁舎は初期のリン鉱石採掘現場から二〇〇メートルほど離れた島の中央台地にあった。大統領官邸は大統領を迎え入れるために、さらに高台へと移動した。庁舎に至るまでの道のりは、島では珍しく植物がたくさん生い茂っていた。樹齢一〇〇年を超す巨大な木がアスファルトのデコボコを隠していた。まわりの空気はひんやりとしていた。道路のまわりの木陰には、民家が数軒、ひっそりと建っていた。

難民キャンプと対照的に豪華な造りのメネン・ホテル.

庁舎の手前には、大きなロータリー交差点があるが、そこはオーストラリアの監視員の詰め所となっていた。敷地の奥には、高いフェンスと柵で囲まれた難民キャンプが見える。難民キャンプのなかには、ベージュ色の長い仮設住宅が連なっている。ほとんどの窓の雨戸は閉まっていた。

難民キャンプの中央には、巨大な飲料水タンクが据えつけてあった。飲料水タンクには、赤いスプレーで「自由」と落書きされていた。

ジャージ姿で、長髪を後ろでくくり、無精ひげのモハマド・ファイサルは、自室のドアを開けて私を暖かく迎え入れてくれた。部屋には、テレビと立派なステレオが置いてあった。彼は二二歳のときにナウルに来た。それから四年が経過した。もはやナウルに一時的に滞在しているという感覚はないという。

「僕を訪ねてくれてありがとう。ここでの一日は長いんだよ。目を悪くしてしまい、困っているんだ。君の目を見てしゃべらないけど、気にしないでくれよ。とにかく、君が訪ねてきてくれて、本当にうれしいよ」

彼は立ち上がると、私たちにコーラをごちそうしてくれた。彼は口元に笑みを浮かべて自分の日常生活について語ってくれた。難民キャンプでの暮らしは、拘束や決まりごとで大変だったが、難民認定申請者同士の助け合いや団結で孤独感も薄れたという。モハマドはさっと立ち上がると、難民キャンプで撮った写真を見せてくれた。チェスに興じている者たち、カメラの前でポーズをとっている者たち、皆が口元に笑みを浮かべていた。

「写真に写っているのは僕の友達だよ。ほとんどは難民認定を受け、今はオーストラリアに滞在している。皆、よくニュースをくれるよ。僕としてはうれしさ半分、悲しさ半分といったところかな。だって、ニュースをもらうたびに、なぜ自分だけがナウルに閉じ込められているんだろって考えちゃうからさ。僕に関する審査は進んでいない。なぜだかよくわからないけど」

「もう四年も待った。僕の人生はめちゃくちゃになった。僕はひとりぼっちさ。僕は死と隣り合わせの国から逃げ出した。気がついたら、これまで行きたいと考えたこともない国にいた。だけど、僕にとっては同じことさ。つまり、ナウルでの生活は死んだも同然だってこと。人生は自分では選べない。この地に閉じ込められたことを受け入れるだけ。もう難民キャンプから外出する気力もないよ。島を散歩して海を眺めても、気がさらに滅入るだけだよ。ナウルでは水平線以外、何もありゃしない。海だけさ。ひとりぼっちで海を眺めていると、囚人になった気分になる。ここに残っているのは苦痛だよ。よく自問するんだ。もしも、自分に未来があるのならばって。僕ってなんだろう。なぜ、僕はこんなひどい目に遭ったのだろうか。なぜ、僕はここにいるんだろう。もう食欲もないし、夜も眠れないんだ」

一息つくと、モハマドは深くため息をついた。

「もうこのままtravelすべてを終わりにしてしまったほうがいいんじゃないかって思うんだよ」

二〇〇六年、われわれとの面会の後、モハマド・ファイサルは彼の夢を実現した。彼は今、オーストラリアに滞在している。ブリスベンの精神病院に強制収容されたのである。

VII

国家の破綻

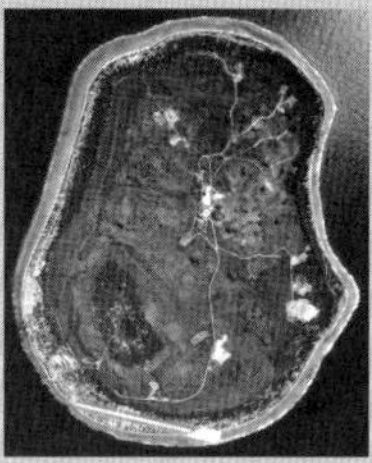

一人あたりのＧＤＰが世界第一位であった国は、借金で首がまわらなくなった。ナウルは、属国として自国領土に留置施設を受け入れることを余儀なくされ、奈落の底に転げ落ちた。数年前まで、ナウルの国富は数十億ドルと見積もられていたが、もうそのほとんどは残っていない。

「島のおカネが消えてなくなった」

島の人々は肩をすくめた。島民との会話では、無駄づかいの話題には事欠かない。しかし、会話は毎回尻切れトンボに終わる。政治家に対する国民の怨恨の声は、ほとんど聞かれない。公に怒りを表明する国民はほとんどいない。

二〇〇七年に若くして法務大臣に就任したローランド・クン（Roland Kun, 1970–）は語った。

「三〇年以上にわたって政治腐敗が蔓延していました。政権担当者は、しばしば国庫のおカネを私財と混同していました」

すでに公然の秘密になっている場合であっても、汚職した張本人の名前をずばりと指摘することはない。彼のコメントも、島民の会話と同様に、なんとなくあいまいであった。ナウルでは、批判は親しい仲間内だけでおこなうものである。人やモノを公の場で糾弾することはない。誰もが知っているが、誰もが口をつぐむ。複雑に絡み合った島の血縁関係は、太平洋の孤島には鉛のような重石となっていた。どの家族にも政府関係者がいることから、政権を批判することができないのだ。例えば、叔父が大臣、叔母が大臣補佐官、父親が警察の副所長、娘はシビックセンターにあるどこかの省庁の責任者といった具合である。ナウルにおける政治権力は、椅子取りゲームのようなものである。数年後には同じ人物が同じポストに就く。また、議会における派閥ゲームにより、政権がひっくり返る可能性は常時ある。落ちぶれた国会議員が一夜にして大統領に就任する可能性さえあるのに、彼を罵《ののし》ることなどできようか。

二〇年ほどの間に数百万ドルが蒸発して以来、財政に関する情報公開を求める声が高まったが、実際に国の会計を調査しようとしても、帳簿がきちんと残されていない。つまり、ナウルが豊かであった頃は、誰も国庫の中身に関心を抱かなかったのである。第一の過ちは、こうした杜撰な資金管理にあった。また経済活動が減速した初期の頃に、即座に対応しなかったことも致命的であった。

失敗した投資は数知れず、国の資金繰りは逼迫した。だが、すべてが明るみに出ることはなかった。小賢しい「アドバイザー」に入れ知恵された成金たちの誇大妄想に満ちたプロジェクト（ビルや高級ホテルの買収など）の事例には事欠かない。不動産買収の失敗は、ナウルにとって大きな痛手であった。

フィジーの首都スバにあるグランド・パシフィック・ホテルの顚末は、カエルがいつの日か巨大な牛に変身してやろうという野心をものの見事に例証している。このホテルはスバで最も豪華なホテルの一つであった。一九一四年に建設されたコロニアル・スタイルのグランド・パシフィック・ホテルの立派なロビーや美しい広大な庭には、多くの者が魅了されてきた。ホテルの部屋のバルコニーに立つと、正面に港が見え、スバにやってくるオーストラリアやイギリスのビジネスマンは、ここでゆったりとくつろぐことができた。

一九九〇年代にナウル・フォスフェート・ロイヤリティーズ・トラストの事務局長を務めたヴィンチ・クロードゥマー（Vinci Clodumar）は、一九八八年にこのホテルへの投資に踏み切る際に、次のように述べた。

「七四年前にオープンしたとき、グランド・パシフィック・ホテルは、島の社交界、経済界の中心となり、次第に非常に格式の高いホテルという評判を得ました。立派な建物、教育の行き届いた従業員、心のこもったサービスから、グランド・パシフィック・ホテルは、シンガポールのラッフルズ・ホテル、香港のペニンシュラ・ホテルと同格だとみなされるようになったのです。グランド・パシフィック・ホテルに投資するわれわれの目的とは、フィジーのみならず、南太平洋全体の遺産ともいえるこのホテルを守ることにより、太平洋に宿る精神文化を拡大させることにあります」

この歴史的建造物を改装するにあたっては、著名な建築家を採用することになった。建設された当時の独特の雰囲気を再現するために、オーストラリアで評判の内装業者が雇われた。一九九二年、グランド・パシフィック・ホテルは改装工事のために休業した。だが、ナウルの経営下でリニューアル・オープンを迎える日は来なかった。二〇〇三年になると、フィジー政府は、一〇年以上もこの豪華ホテルを放置したナウルに対し、ホテルの売却を迫った。小国の夢見た栄華は過ぎ去ったのである。

その後、オセアニア地域における他の投資も同じ結果となった。ハワイ、サモア、グアム、ニュージーランド、さらにはメルボルンにおいても、ホテル施設への投資は何の利益も生まなかった。マーシャル諸島では、ナウルは自己資金でイースタン・パシフィック・ホテルを建設したが、このホテルは、お客を一人も迎えることがなかった。

1920年代撮影のグランド・パシフィック・ホテル.
植民地時代に建造された歴史ある豪華ホテルとして
多くの人々を魅了してきた.

ナウルには光輝く未来が待ち受けていると流布してきた政治

的欺瞞に対し、二〇〇〇年代初頭、志を抱く若い世代のグループは疑問の声を上げた。毎年、レネ・ハリスとバーナード・ドウィヨゴが交互に大統領を務めてきたが、彼らは疑り深くなった島民をなんとか安心させようと躍起になっていた。だが、難民認定申請者のキャンプ開設の裏話はよけいであった。ハリス大統領が、「他に売るものがないから、国を売ってしまった」と暴露したことで、国民の間には不満が広がった。

こうした政治状況を背景として、「ナエオロ・アモ（Naoero Amo）」というナウル初の反体制組織が誕生した。これは現地語で「ナウル・ファースト（ナウル第一）」という意味である。ナウルの若者グループにとって、この名前は組織の中心となる思想を表し、彼らは、事態を改善し、島のタブーを打ち破り、思いがけない恵みである「リン鉱石マネー」の枯渇にきちんと対応しようと訴えた。オーストラリアなど外国で教育を受けたこれらの三十代の若者たちは、国の物質的豊かさの恩恵を受けたナウル黄金時代を知る世代である。変革の精神により誕生した「ナエオロ・アモ」の主力メンバーは、キエレン・ケケ（Kieren Keke, 1971–）、前出のローランド・クン、そしてデビッド・アデアン（David Adeang, 1969–）であった。

二〇〇五年、デビッド・アデアンはナウルの財務大臣と外務大臣を兼務していた。ルドウィグ・スコッティ内閣では、アデアンはナウル黄金時代に育った世代の代表となる人物であった。一九八六年に大統領を務めたケナン・アデアンの息子である彼は、ナウルの若者の代表ともいえた。国の未来はこうした若者たちの肩にかかっていた。アデアンは、国会の近くにある彼の事務所で、一日一二時間以上も電話やパソコンを巧みに操りながら働いている。彼はこう語った。

「子どもの頃、学校の窓から外を見ると、ナウルとオーストラリアを結ぶリン鉱石を満載した貨物船が、港に三隻から四隻は停泊していたものです。皆で空港にエア・ナウルの飛行機が離着陸するのを見に行ったりもしました。ナウルの全盛期でした」

しかしながら、何の苦労もなく育ったこうした若者たちも、島の急激な衰退から逃れることはできなかった。

九〇年代に入ると、突如として警鐘がけたたましく鳴り響き、ナウルの若者はついに迫りくる国家の破綻を意識するようになった。こうした国民の覚醒は、「ビジョナリー（*The Visionary*）」という新聞を通じて報道されるようになった。この新聞は、初期の頃はこっそりと発行されていた。新聞には、当時の政権に対するキエレン・ケケとその同志による辛辣なコメントが掲載された。また、ナウルの政治階級の怠慢にうんざりした国民が怒りをあらわにし始めた様子が報道された。キエレン・ケケは言う。

「二〇〇〇年代初頭、議会の様子がまったくわからなかったことから、こうした事態をなんとしても改善したかったのです」

ナウル人で二人しかいない医師のうちの一人であった彼は、二〇〇五年に自らの職業経験を活かして保健大臣に就任した。

政府は、「ビジョナリー」の政治精神を受け継いだ政党である「ナエオロ・アモ」の存在をうっとうしく思った。ローランド・クンは、「ナエオロ・アモ」の党員が財政公開の請求をおこなったことで、「政府は困ったことでしょう」と言う。九〇年代中頃から、ナウル銀行やナウル・フォスフェート・コーポレーションをはじめとする、さまざまな政府の活動に関する会計報告書は、一切公開されなかった。袋小路から抜け出すためには、ナウルは厳格な国家予算を組むことが必要であると思われたが、この時代の島の雰囲気は、不透明感にさいなまれていた。そのときに事態を正常化に導いたのが前述の新聞「ビジョナリー」であった。レネ・ハリス大統領たちの不正会計をすっぱ抜いたのである。

例えば、ハリスがナウル・フォスフェート・コーポレーション事務局長の時代に、彼の銀行口座には二三万一〇〇〇オーストラリア・ドルの大金が不正に入金されたと「ビジョナリー」は糾弾した(*1)。また、ナウル銀行のレネ・ハリスに対する一五〇万ドル以上の融資についても、返済されている形跡がまったくないことから、これは不正融資なのではないかと指摘した。ナウルの志高き若者たちは、借金まみれの国にあって、大統領のぜいたくな暮らしについても非難した。彼らはまた、オーストラリア政府とハリスが取引した「パシフィック・ソルーション」についても批判した。こうした彼らの活動に対し、国民の反応はなかなか表面化しなかった。レネ・ハリス大統領は、当時、政権のアドバイザー役であったデビッド・アデアンのすべての政治活動を停止させ、キエレン・ケケについては、ナウルの病院での医師としての職務を解いた。ナウル再建をめざす「ナエオロ・アモ」の心意気は、レネ・ハリスを筆頭とした政治家連中の強硬な抵抗にぶつかった。

ナウル議会．大統領官邸のすぐ近くにある．

「ナエオロ・アモ」は情報公開を掲げ、失敗に終わった投資の全容を明らかにするため、各年度の会計報告書を丹念に調べ上げた。累積損失は膨れ上がっていた。ナウルが世界中に持つ不動産の評価額は、一九八〇年代末には推定一二億ドルであったが、二〇〇三年には一億三〇〇〇万ドルしかなかった。借り入れ返済資金を確保するために、ナウルはゼネラル・エレクトリック社と大型融資契約を結んだが、この危険性を国民に訴えたのも「ビジョナリー」のジャーナリストが最初であった。この融資契約は、利払いだけでも年間数百万ドルにのぼった。

彼らの詳細な調査により、ナウル社会の底に沈んでいた泥はかきまわされた。ちょうどそのとき、ナウル銀行が破綻した。多くの国民は預金を失った。〝ナウル衰退〟の目に見える最初の被害は、銀行であった。中身が空っぽとなった銀行は、公務員の給与を支払うために、月に一回だけ開店するようになった。ローランド・クンは言う。

「しかし、ナウル人は表向きには金持ちです。預金口座はつねに利用可能で、預金額もきちんと記録されています。ただ、銀行におカネがないだけですよ」

二〇〇四年六月、ルドウィグ・スコッティの大統領就任により、「ナエオロ・アモ」はついに政権入りを果たした。彼の内閣には、「ナエオロ・アモ」をはじめとする野党の有力メンバーが就任した。キエレン・ケケとデビッド・アデアン、そしてフレディ・ピッチャーが加わった。ピッチャーは優秀な弁護士で、ナウルの産業大臣になる前は、長年にわたってアジア開発銀行で働いていた。権力の座についても、彼らは公正に任務を遂行し、エア・ナウルの財政破綻についても、きちんと情報を公開した。

一九七〇年二月一四日は、エア・ナウルの就航記念日である。エア・ナウルのジェット機ファルコン、「ナウルズ・チーフ」がはじめて空に飛び立った。その後、エア・ナウルの所有機材にフォッカー28とボーイング737が加わり、一九八〇年代には太平洋諸島最大の航空会社となった。エア・ナウルは路線を急拡大させ、集客を加速させた。グアム、キリバス、ニューカレドニア、日本〔那覇、鹿児島〕、フィジー、香港、台湾、シンガポール、カロリン諸島〔現在のパラオおよびミクロネシア連邦のヤップ島、チューク諸島〕、マーシャル諸島、ハワイ、パプアニューギニア、ソロモン諸島、バヌアツ、サモア、トンガ、ニウエ、マリアナ諸島、ウォリス・フツナ、そしてもちろん、ニュージーランドとオーストラリア〔メルボルン、シドニー、ブリスベン〕である。所有機材もボーイング一機から五機にまで増えた。飛行機で太平洋諸島の人々を結びつけるという、ナウル大統領の夢が実現したのである。

リン鉱石の黄金時代、エア・ナウルは好調であった。エア・ナウルという小さな航空会社のパイロットは、オーストラリア人、イギリス人、イタリア人であった。機内サービスやメンテナンスも、オセアニア地域では最高水準であった。ヤレンのナウル国際空港はハブ空港となった。太平洋の真ん中にあるこの小さな近代的な空港は、オーストラリア、日本、フィジーのビジネスマンが目的地に向かう際の中継地点となった。この空港には、土産物屋が並び、待合室はエアコンが効いていた。ナウルは自国の航空会社のおかげでオセアニア地域での地位を確固たるものにした。エア・ナウルにより、それまで想像もできなかったような場所へアクセスできるようになったことで、太平洋の孤島というナウルのイメージは刷新された。オーストラリア、ハワイ、ニュージーランドへは簡単に行き来できるようになった。島の経済発展は、空の交通に大きく依存した。

しかし、こうした利点の背後では、恐ろしいほどの費用が発生していた。エア・ナウルは放漫経営そのものであった。メネン・ホテルの庭を手入れしていたナウル人のお年寄りは次のように語った。

「ある日、オーストラリアに行かなければならなかった大統領は、ボーイング機をチャーターしたんだよ。大統領は機内で一人になりたかった。問題は、その便に予約を入れていた数十人の旅客は、空港のロビーで待ちぼうけを喰らい、翌日の便まで待たされたことだ」

オーストラリア人のパイロットであるジョン・ラミング（John Laming）は、エア・ナウルに十数年にわたり勤務した〔一九七六〜一九八九年〕。太平洋上を幾度となく飛行したラミングが語る逸話からは、ナウル政府による航空会社の杜撰な経営の実態を垣間見ることができる。

「日本行きの便は、ほとんどの場合、機内は乗務員だけでしたね。空席で日本まで飛び、帰りの便は乗客が一人か二人でした。ナウル大統領はエア・ナウルを売り込む必要性を感じていなかったようでした。物事をはっきりと述べるタイプのアイルランド人が営業部長に採用されたのですが、社内会議のときに、この営業部長は大統領に対し、広告の必要性と太平洋諸島を結ぶ路線を縮小することを説いたのです。その直後に、彼はクビになりました」（＊2）

ジョン・ラミングによると、ナウルの国家歳入の半分に相当する年間四〇〇〇万ドル近くが航空会社に投入されていたという。航空機の搭乗率が二〇パーセントを上まわることはなく、採算ラインを割っていた。しかし、最も重要なことは、エア・ナウルのおかげで、太平洋諸国の空の便が確立されたことであった。これは大統領の信念であったが、経済的にはまったく愚かなアイデアであった。

エア・ナウルの累積赤字は、航空会社の営業損失だけで五億ドルから六億ドルという、すさまじい額に達していたと思われる。その後、財政基盤のもろいエア・ナウルは急降下した。既存の路線を維持できなくなり、所有機材のボーイングを次々と売り払った。最後は一機だけとなったが、この航空機も二〇〇五年にナウルの融資返済が滞ったことで、銀行が差し押さえてしまった。

全盛期のナウル・パシフィック・ラインの貨物船.

ナウルは独立の数年後から、ナウル・パシフィック・ラインという自国の海運会社も所有していた。ナウルでは農産物がまったく収穫できなくなったことから、すべての食料を輸入でまかなうようになった。そして、リン鉱石を輸出していたのである。ナウ

台湾の援助で 2006 年に再スタートした「アワー・エアライン」.
オーストラリアのブリスベンから，ソロモン諸島の首都ホニアラ，
ナウルまでは週 2 往復，さらにキリバスの首都タラワ，および
フィジー諸島のナンディまでは週 1 往復している．
（出所：http://www.ourairline.com.au）

ル・パシフィック・ラインは、全盛期には五隻の貨物船を所有していたが、フレディ・ピッチャーは、「二隻で充分であったはずだ」と言う。ナウル・パシフィック・ラインは恒常的な赤字にさいなまれた。海運業の衰退時期は、リン鉱石の産出量の低迷期と一致する。一九九二年にナウル・パシフィック・ラインは消滅した。

ナウルの港には船の往来が途絶えるようになった。ナウルの空港には航空機の往来が途絶えるようになった。一年ほどの間、オーストラリア行きのチャーター便が不定期に就航していたが、二〇〇六年、台湾の援助により、エア・ナウルは「アワー・エアライン（Our Airline）」という新たな名称で再スタートした。「メイド・イン・台湾」のボーイング737型一機が、ナウルが持つ外国との唯一のアクセスとなった。

ナウル独立以来の杜撰で中途半端な海外投資について、どれほどの損失が生じたのかは知るよしもない。結局、こうしたおカネは、ナウル人の懐に収まることもなく、きちんと会計処理

されることもなかった。オーストラリアの専門家によると、累積赤字は二〇億ドルほどではないかという(*3)。人口九〇〇〇人強のナウルにとって、これはすさまじい金額といえよう。

註

*1 Robert Keith-Reid, "Revolt Looking in Nauru," *Pacific Magazine*, 1 November 2001.

*2 John Laming, "A Merry Tale of Air Nauru," Airways Museum, <www.airwaysmuseum.com>.

*3 Helen Hugues, "Tough Love Key to Nauru's future," *The Australian*, 22 January 2008.

Ⅷ

援助パートナーの思惑

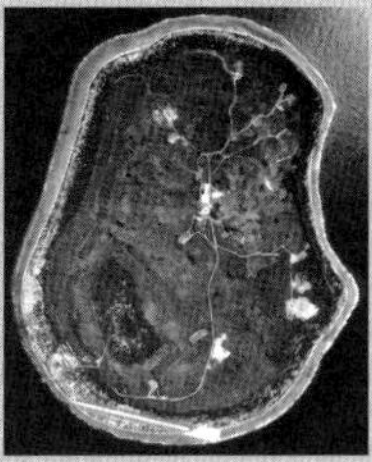

島の唯一の道路を、いつものようにさっそうと走り抜けていくメルセデスEクラス220CDI。窓ガラスにスモーク・フィルムが貼られ、足まわりは高級タイヤとアルミホイール、カーナビゲーションも搭載されている。道路の周辺を見渡すと、錆びた廃車、閉店した板張りの店、二〇年来まったくメンテナンスされていない家、リン鉱石採掘のために掘り返された土壌が見える。その反対側には、砂浜、ヤシの木、映画の一場面のような夕焼け空が広がっている。そこにピカピカのベンツが現れた。

一九九〇年代、こうしたタイプの高級車は、島ではおなじみであった。というのは毎月、オーストラリアから一隻ないし二隻の貨物船が、トヨタの最新型のランドクルーザーやドイツの高級セダンなどをナウルに運んできたからである。一九七〇年代には、ナウルの警察署長はイタリアの超高級スポーツカーであるランボルギーニでさえも所有していた。しかし、ランボルギーニは、車高が低すぎ、道路に落ちたココヤシの実が邪魔となってナウルでは走行不可能であった。結局、ランボルギーニは警察署長の家の車庫で死蔵され、オーストラリア人がこれを二束三文で引き取った。もっとも、巨漢の警察署長の体は、ランボルギーニの狭いバケットシートには収まらなかったのではあるが……。

現在、ナウルを走っている車は、錆だらけである。石油タンカーはたまにしか島にガソリンを運んでこない。おカネのない島では、ガソリンは配給制となり、ときにはガソリンスタンドのタンクが二カ月間も空っぽになることもある。


メタリック・ブラックのベンツの所有者であるキン・ユウ（King Yu）は、髪をサイドに撫でつけ、体のサイズにぴったりのワイシャツを身につけていた。彼のきゃしゃな腕の先にはアタッシュケースがぶら下がっていた。在ナウルの台湾の大使館員であるキン・ユウは、自国の利益と、この島で暮らして働く在外国民を注意深く観察していた。彼と同僚のフランク・ツァイ（Franck Tsay）は、ともに台湾の一等書記官なのである。

ナウルには、驚くべきことに正式な大使館が存在するのである。さらに驚くべきことに、それは、アメリカ大使館でも、オーストラリア大使館でもなく、台湾の大使館である。その理由は単純である。一九九九年九月、人口九〇〇〇人強のナウルは、一八七番目の国家として国連に加盟した。人口二三〇〇万人の台湾とは異なり、ナウルは、国連総会で投票権を持つ国として、ニューヨークに事務所と代表者を置いている。数年来、台湾は国連への加盟申請をおこなっているが、これは国家としての正式な承認を得るためである。しかし、台湾の国連への加盟申請は、国連の議席については「一つの中国」という原則により、却下されてきた。一九七一年以来、安全保障理事会の常任理事国である中華人民共和国は、台湾を反乱軍の根拠地とみなしてきた。そこで台湾は、国家としての自治権を確立するために、「賛成の票固め」に奮闘していた。

「ナウルとの協力関係を築くため、台湾としては、ナウルの経済発展を微力ながら応援させてもらいます」

台湾大使館の一等書記官のフランク・ツァイは、ナウルにおける自国の影響力を控えめに語った。大使の物腰をコピーしたような態度のツァイは、白いワイシャツに黒い細身のズボン、会計士のようなメガネをかけていた。異国情緒あふれる国で暮らす外交官といった風貌であった。彼はこう語る。

「例えば、われわれはナウルで農業をおこなってはどうだろうかと考えています。もちろん、それは簡単でないことはわかっています。第一段階として、本格的に農業を開始するための布石は打ちました。また、われわれは漁業に必要な資材もナウルに提供しました」

ナウルの周辺国には、多くのキン・ユウやフランク・ツァイのような人物が、「彼らの票、われわれの支援」という使命から活動している。南太平洋という地域には、ニウエ、ツバル、キリバス、マーシャル諸島など、国連加盟をめざす台湾にとって重要な国家がある。こうした理由から、ナウルの近隣諸国には必ずといってよいほど台湾の大使館がある。

二〇〇二年、レネ・ハリスは権力の座にあった。ハリスにとっては過去三年の間に三回目の大統領就任となった。借金まみれの彼の国家は、ほとんど何も生産していなかった。そこでナウルは、一番高い値をつけた人に国を身売りすることで、生き延びることになった。すでに難民キャンプの設立のためにオーストラリアに土地を賃貸したナウルは、相変わらず国家の資金繰りに奔走していた。そこでハリスは支援金獲得目当ての外交に打って出た。

八〇年代初頭以来、台湾はナウルの重要なパートナーであった。ナウルは台湾政府と同盟関係を結び、この強固な二国間関係は永続するかと思われた。ところが、二〇〇二年七月にナウルは台湾の宿敵である中国と接触した。レネ・ハリスは軽率にも一夜にして寝返ったのである。

ナウル国旗と紋章.
人口1万人ほどの小国でありながらも，1999年に国連加盟国となった．ナウルは同年，隣国キリバスと同時に国連に加盟申請したが，中国政府の反対に遭い，一時は加盟が危ぶまれた．台湾（中華民国政府）との外交関係の保持が影響したものと考えられる．

当時、大臣であったレミ・ナマドゥク（Remi Namaduk）は、この想定外の外交政策の急変について次のように語った。

「糖尿病の合併症である目の治療のためにオーストラリアに滞在中のレネから電話がかかって

きました。マレーシアで休暇を過ごす前に、これから香港にちょっと立ち寄って、仕立てた背広を取ってくると、レネは私たちに伝えました」

その翌日、レネ・ハリスは、イギリスの旧植民地である香港で中国当局と話し合った内容を、電話でレミ・ナマドゥクに伝えた。その晩、台湾政府は、この決定を覆すために、慌てふためいてナウル高官に泣きついた。ナマドゥクは台湾に対し、この決定は大統領個人の決定であり、いかんともしがたいと伝えた。

「在ナウルの台湾の大使館で、私は台湾の大使と一緒になってレネの説得にあたりました。しかし、レネの決定を覆すことはできませんでした」

後日、レネ・ハリスはこう語っている。

「この決定については、まったく後悔していない。中国当局のほうがナウルを手厚く支援するというので、私は彼らに会いに行ったのだ。当時、ナウルは財政的にきわめて厳しい状況にあった」

中国は、ナウルの財政再建のために現金で六〇〇〇万ドルを融資し、ゼネラル・エレクトリック社から受けた融資のうち七〇〇〇万ドルを肩代わりしてくれた(*1)。その見返りに、レネ・ハリスは次のような声明を発表した。

「世界には、中国は一つしかありません。中華人民共和国の政府は、中国全体を代表する唯一の公式な政府であり、台湾は譲渡できない中国の領土の一部にすぎません」

ちなみに、その二年後にハリスは、「この調子でいくと、ナウルは確実に破産する」と宣言した。要するに、同盟関係を変えても何の変化もなかったのである。

二〇〇四年六月、レネ・ハリス退任後に大統領に就任したルドウィグ・スコッティは、想像していた以上に財政状況が悪いことに愕然とした。ハリスの敷いた路線を歩みたくなかったスコッティは、台湾政府との関係を修復した（国交再樹立は翌二〇〇五年）。日和見主義なナウルは、中国の怒りを買った。中国はこれを台湾の「ドル外交」であると断固抗議した。台湾当局は、国連加盟申請への理解者をふたたび確保した。一方、中国は、これまでずっと台湾を支持してきたバヌアツを抱き込んだ。「やられたら、やり返す」である。

ナウル外交の急変の背後には、あまりにも生臭い現実が隠されていた。台湾は、ナウルがアメリカの輸出入銀行であるエキシム銀行と以前に交わした融資の残高である一三四〇万ドルに対する債務保証を申し出たのである（＊2）。これは喉から手が出るほどに魅力的な申し出であった。数年前に、この借金によってエア・ナウル唯一の機材、ボーイング737を購入することができたのである。この航空機がなくなってしまうと、ナウルは太平洋に浮かぶ孤島に舞い戻りである。すでに天然資源が枯渇した小さな共和国ナウルは、外界とのコンタクトを失うわけにはいかなかった。これは国の存亡にもかかわる、きわめて重要な案件であった〔すでに述べたとおり、結局、二〇〇五年一二月に機材を差し押さえられて手放すはめに陥り、二〇〇六年九月に台湾の援助で「アワー・エアライン」として再スタートするまで空の便を失うことになるのだが〕。

台湾がふたたびナウルに大使館を置いてから数年が経った。太平洋では、外交上の駆け引きがひっきりなしにおこなわれている。太平洋に浮かぶ無数の島国では、台湾と中国のいがみ合いのはざまで、大使館が開設されたり、閉鎖されたりしている。

二〇〇四年六月に「ナエオロ・アモ」が政権入りを果たして、新たに就任した大臣たちは現状確認書を作成した。状況はすぐに把握できた。ナウル当局はほとんど何もできなかった。ナウルの歴史において、「何かをする」とは、採掘することであった。リン鉱石の露天掘りの鉱山はほぼ枯渇し、老朽化した設備では、わずかな埋蔵量を掘削することはできなかった。リン鉱石の産出がなければ、国民に分配するおカネもない。二〇〇四年六月、ルドウィグ・スコッティが大統領に就任すると、国家公務員、つまり国民の大部分は六カ月ほど無給となった。島の唯一の正式な銀行であるナウル銀行が閉店したことから、島民は預金を引き出せなくなった。島民は自分たちの遠い先祖がおこなっていたように、家族を養うために釣りを始めた。だが、ナウルの人々には悲壮感もなく、また不満を抱く様子もなかった。絶望感に打ちひしがれてもよさそうなものなのに、彼らは気楽に暮らしていた。

ルドウィグ・スコッティ内閣の功績とは、ナウルに決定的に欠落していた社会的安定をもたらしたことであろう。ナウルが国際的な支援を要請したことで、二〇〇五年一一月にはシビックセンターにおいて、ナウルの「国際パートナー」となる国の代表者を集めた外交会議が開催された。支援を受けるのも一大事である。会議の前日、無気力感が漂っていた島には、少なくともシビックセンター周辺だけは活気がよみがえってきた。一九七〇年代の映画の舞台になったようなシビックセンターの漆喰塗りの外壁は、長年の日差しにさらされ茶色に変色していた。室内には実用的な家具が置いてあり、壁には偽物のチーク材が貼ってあった。シビックセンターにはいくつかの事務所が入っているが、広々として明るい事務所は、完成当時はとてもモダンな雰囲気であったことだろう。

魚を獲る島民たちの様子．

シビックセンターは、ナウルの中枢となる機関であった。一階には、銀行、国営スーパーマーケット、小さなお店、事務所などが入居していた。お金持ちであった当時のナウルは、この西洋風の建物の建設費を気前よく支払った。メルボルンの新聞「エイジ（*The Age*）」や「シドニー・モーニング・ヘラルド（*Sydney Morning Herald*）」には、毎日のようにナウルの記事が掲載され、ナウルは豊かな国として紹介されていた。

さて、会議の前日、シビックセンターの外まわりの清掃にはナウル人が駆り出され、部屋のなかでは、オーストラリア、日本、ブラジル、ニュージーランド、フランスからの資金提供者の座席を用意するために大忙しであった。ナウルの国営テレビは、会議の様子を撮影するためにテレビカメラを持ち込み、その横ではマイクロフォンのテストがおこなわれていた。強烈な外の日差しから逃れるため、シビックセンターに涼みにやってくる島民や、冷たいコンクリートの床で昼寝する者もいた。また、「援助国円卓会議（Donors Roundtable Meeting）」の会議場の隣にあるトイレを拝借するためにやってくる者もいた。この会議を取り仕切る若手の財務大臣デビッド・アデアンは語った。

「この円卓会議が、新たな時代の始まりとなり、悲惨な時代の終わりとなることを強く希望しています。具体的な成果は一切期待していませんが、皆さんからナウルへの支援を約束していただけるのであれば、それこそが大きな前進といえましょう」

会議場から数メートル先にあるスーパーマーケットの商品棚は、相変わらず空っぽであった。夕方近くになると、デビッド・アデアンは会場の準備を切り上げて空港に向かった。次の便でナウルにやってくる日本国大使の滑川雅士を出迎えるためである〔在フィジー日本大使館がナウルを兼轄している〕。空港の滑走路は、ヤレン地区にある庁舎、議会、大統領官邸に沿ったところにある。議会と大統領の執務室の前では、警備にあたる警察官がうろうろしていた。一五分後には日本国大使を乗せた飛行機が着陸する。空港では日本代表を迎える準備は万端であった。

空港滑走路近くにあるナウル大統領官邸.

到着出口で待っていたデビッド・アデアンは、滑川大使を大統領専用の黒塗りの高級車で出迎えた。到着ロビーには日の丸がはためき、警備員たちは一斉に敬礼した。ナウルは正式な国家なのである。滑川大使を迎えた大統領官邸では、階段付近で日本の国歌「君が代」が演奏された。廊下の隅のほうでは、数人のナウル人がこの厳《おごそ》かな儀式を興味深そうに眺めていた。デビッド・アデアンと滑川大使は、きわめて単調なメロディーである「君が代」が演奏されている間、直立不動で微動だにしない。そのときである。離陸体制に入った飛行機が、ジェットエンジンの出力を最大にして爆音を放ちながら大統領官邸の前を通り過ぎていった。一分後には、飛行機は空の彼方の黒い点となったが、相変わらず直立不動の姿勢である出席者の耳には、ジェットエンジンの爆音が残っていた。大統領官邸に静寂さが少しずつ回復すると、ザーザー音を立てていた「君が代」もすでに終了していたことがわかった。

滑川大使が「援助国円卓会議」に出席したのは驚きではない。ナウルは、過去の歴史や戦争の被害にもかかわらず、つねに〝隣国〟日本を特別扱いしてきた。トラック島のトラウマにもかかわらず、ナウルは日出づる国ニッポンとの架け橋を遮断しようとはしなかった。エア・ナウルも、かつては那覇空港や鹿児島空港に就航していた。

暑さでうだるような会議場では、すし詰めとなった出席者二五〇名は息苦しさを感じていた。外交官、難民支援機関の関係者、国家元首の高級補佐官、ナウルの政治家、さまざまな非政府組織の代表者、ジャーナリスト、会議の見学者などが討論会に参加した。ルドウィグ・スコッティ内閣の大臣は、一人ずつ事態の緊急性を訴えた。資金不足、インフラ不足、ボロボロに老朽化した病院と看護要員の不足……。問題は山積していたが、彼らはナウルの将来に自信を持っていた。大臣たちの発言には、「希望」という単語が何度も登場した。各国の代表団は、大臣たちの演説を聞きながら、なんとなくといった感じで、ノートにメモをとっていた。こうしただらけた雰囲気のなかで、日本の大使は真剣そのものであった。彼は厳しい表情でメモをとり、話に聞き入っていた。上着を脱いでいないのも、彼だけであった。

日本がナウルに南太平洋地域の大使を送り込んできたのは、崩壊寸前の国がつぶやく嘆きを知るためだけではなかった。日本にとって、ナウルの利用価値は別のところにあった。捕鯨である。捕鯨に関する国際的な枠組みづくりの場である国際捕鯨委員会（IWC）は、一九八六年に商業捕鯨のモラトリアムを採択した。二大捕鯨国である日本とノルウェーは、二〇年以上も前からこの措置に抗議してきた。日本はこのモラトリアムを解除させるため、あらゆる外交手段を駆使し、商業捕鯨の再開をめざしてきた。

日本の支援により、二〇〇五年六月、ナウルは、カメルーン、トーゴ、ガンビア〔アフリカの三国〕とともに、IWCに難なく加盟した。二〇〇六年六月には、ナウルはモラトリアム解除に票を投じ、モラトリアム解除決議案は、三三対三二で採択された（＊3）。その見返りに、ナウルは日常生活の懸念材料の一つであるエネルギーについて、日本から財政支援を取りつけた。ナウルには石油燃料が必要であった。車のガソリンはもちろん、火力発電所や海水淡水化プラントも石油燃料を必要とする。石油がなければ、ナウルの心臓は止まってしまう。島の今の活力を知るには外を歩いてみればよい。居住地区で発電装置がブンブンうなり、車がひっきりなしに島を走りまわっているのであれば、国は好調である。逆に、島が静まり返っている日は、何らかの問題がある。二〇〇六年、ナウルでは断続的に停電が発生し、とくにここ数年来、干ばつが激しくなってきたことから、水道水の供給量も制限された。そこで日本は、ナウルへの石油の安定供給を交換条件に、日本の商業捕鯨に対するナウルの支援を取りつけたのである。また、長年放置されて錆だらけになっていたナウル唯一の漁船を利用できる状態にするために、日本政府は日本の技術者や労働者をナウルに派遣することも約束した。

ナウルでは、キン・ユウのベンツが今も走りまわっている。相変わらずピカピカである。台湾大使は上品な笑みを浮かべながらこう言った。

「毎日、洗車していますからね。これは総統からのプレゼントですよ」

台湾のベンツが近い将来にナウルを離れることはないであろう。台湾は、ナウルで一大海洋養殖事業を興す計画を持っている。「それ以外にもさまざまな計画があります」とキン・ユウは語った。

ナウル政府には、現金化できるものはほとんど残っていない。自国領土でさえ、オーストラリアに門前払いを喰らった密入国者たちの留置キャンプとして提供した。石油やニッケルなどの利潤の高い一次産品を産出するアフリカ、アジア、ラテンアメリカの発展途上国でさえも、今のナウルと同様に、取られるだけのやられっぱなしの政策に甘んじている。発展途上国という定義からすると、こうした国々は、国家成立の時点から、もともと貧しかったわけだ。だが、豊かであったナウルの場合、貧しさのなかで生きることを学ばなければならない。今後、他の途上国と正反対の方向に歩んでいくことになる太平洋の小さな島国ナウルは、貧困との付き合い方を学ぶ必要があるように思われる。

註

＊1 *New York Times*, 8 August 2002.

＊2 Robert Keith-Reid, "Taiwan Switch Keeps Air Nauru Flying," *Islands Business*, Suva, 2005.

＊3 その後、日本は長年にわたって他国の票を買収してきたと糾弾されることになる。日本の外交は、しばしば「小切手外交」であるとする批判がある。捕鯨問題に関して日本を支持する国としては、カリブ海諸島の多数の小国家（セントクリストファー・ネイビスやドミニカ共和国など）や、アフリカ諸国（ベナン、カメルーン、コートジボワール、ガボン、ガンビア、マリ、モーリタニア、トーゴ）である。

IX

肥満と糖尿病

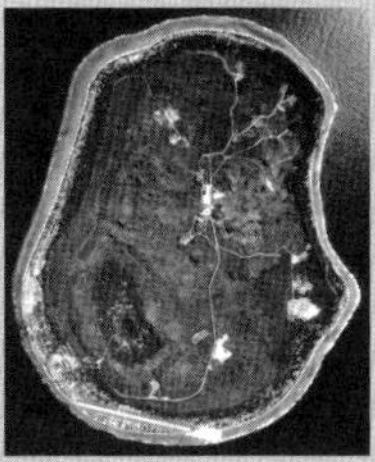

二〇〇六年、ナウルは音信不通状態に陥った。エア・ナウルの経営危機もあり、ナウルは外界とのコンタクトを事実上遮断されてしまった。ナウル空港には、チャーター便が月に数回来るだけである。旅客機がめったに飛ばないことから、人々は貨物機に乗って移動する羽目になった。

毎週木曜日に空港は活気づく。この日ばかりは、島は無気力のどん底から這い出す。というのは、島のボランティアの消防隊が滑走路で消火訓練をおこなうからだ。繰り返しそれぞれの役割を忠実にこなす消火訓練は、あたかもバレエの演技のようである。数週間前から雨が一滴も降っていないのに、消火訓練で貴重な飲料水を利用するなんて、とんでもない話なのだが……。

ヤレン地区の空港滑走路と海岸線に挟まれたエリアには、大統領官邸や議会から数キロ離れたところに何軒かの民家が空港に押しつぶされるように建っている。島民は島のあちこちから建材を回収し、ボロボロとなった自宅を修繕しているようだ。ナウルでは、島民が公共の建物から建材を無断借用して自宅の増改築に利用したことから、公共の建物のなかには、コンクリートと鉄骨だけになってしまったものもある。空港の正面では、かなり昔に廃車となったバスが倉庫として利用されている。いつのまにか、誰かがタイヤや車輪、窓ガラスを取り外して持って行ってしまったようだ。世間では、これがバスであったことを忘れてしまった人もいるのではないか。

ヤレン地区の片隅では、ビーチまで数メートルのところにある掘っ建て小屋から、リズミカルな金属音が聞こえてくる。近づくにしたがって、この金属音は重量感あふれるものであることがわかる。掘っ建て小屋に入ってみると、重量挙げの選手が重そうなバーベルを相手に、必死の形相で練習をしている。スキンヘッドのナウル人コーチが、「よし、よく挙げた」と叫んでいる。彼のツルツルの後頭部には、しわが何本か寄っていた。彼もかつては重量挙げの選手だったのであろう。身長一八〇センチ、体重一二〇キロはあると思われる体躯に張りついた黒のランニングシャツにより、彼の筋肉はさらに盛り上がって見える。

自身もかつて重量挙げ選手であったナウルの法務大臣ローランド・クンは、次のように語っていた。

ナウル空港の滑走路.

「ナウルは世界ナンバーワンですよ。重量挙げの国際試合では、つねに上位を占めています。ナウルの人口規模から考えると、これはすごいことですよ」

四方が空いた部屋では、若い男女が入り混じって、ベンチプレス、スクワット、ジャークなどの基本トレーニングに精を出している。使用するトレーニング器具は時代遅れのシロモノだが、その晩に集まった十数人の重量挙げの選手は、休む暇なく次々とトレーニング・プログラムをこなしていた。バーベルの鉄棒がガシャリと音を立て、バーベルがドスンと床に落ちる。コーチは一人ひとり懇切に指導している。十代の若い選手はバーベルを胸の高さまで持ち上げる練習をしている。バーベルの重さは六〇キロといったところか。六回ワンセットを難なくこなしている。

「彼は、将来すべて良い（Him, it is a future all good.）」

コーチのヘタクソな英語に、部屋中の選手全員がわっと笑った。

木造の重量挙げのトレーニング場は、ビーチから一〇メートルも離れていない。老朽化したトレーニング器具は、長年にわたって使用されてきたことから、かなりボロボロである。バーベルの棒は傷だらけで、重りは角が取れてしまっている。古ぼけた重りを支えるベンチプレスの支柱は錆だらけだ。だが、この部屋にそんなことを気にとめる者は誰もいない。要するに、トレーニングに支障がなければ、そんなことはどうでもよいのである。波の打ち寄せる音とバーベルが地面に着地する音が混ざり合って聞こえる。汗のにおいが充満するトレーニング場では、笑い声が絶えない。小さい子どもたちは、自分たちの兄や姉の練習風景を見学している。このトレーニング場では、国の威厳が再建されている。

「あの子はオセアニア地区で五位、彼女は三位。あっちにいる子は、コモンウェルスゲームズ〔イギリス連邦に属する国や地域が参加して四年ごとに開催される総合競技大会〕で二位だった。彼女なら今度のオリンピックに出場できるよ」

コーチのニッキーは、自分が指導する選手を自慢した。重量挙げの選手には、日本の相撲取りやニュージーランドのラグビー選手のような社会的な地位はない。だが、彼らは二〇年来失敗続きのナウルにとって希望の星である。

一九九九年には、重量挙げのワールドカップをナウルで開催する計画があった。ブルガリア、トルコ、ルーマニアから世界の強豪選手を迎え入れる準備が進められていた。メネン・ホテルの近辺には、選手村も建設された。世界中から集まる重量挙げの選手が、木造建ての同じ様式の建物が十数棟連なる選手村に集結するはずであった。しかしながら、選手村は完成にまで至らず、出来上がった一部は、生活に困ったナウル人のために利用されることになった。つまり、ナウルにはワールドカップを開催するおカネがなかったのである。小国ナウルは自国でのワールドカップ開催を断念し、結局、大会はサモアでおこなわれることになった。

重量挙げがナウルにとって国威を高めるスポーツであるとすれば、ナウルには恐るべきもう一つの世界記録がある。それは肥満率である。二〇〇八年に世界保健機関（WHO）が発表した調査によると、人口の七八・五パーセントが肥満であるという。これは国民の五人に四人は肥満であることを意味する。世界の肥満ランキングをみてみると、トップはナウルで、以下、トンガの五六パーセント、さらにサウジアラビア、アラブ首長国連邦（UAE）、アメリカの三〇〜三五パーセント、そしてクウェートと続く（WHOの調査によると、クウェートの肥満率は二八・八パーセントで、糖尿病の疾病率についても一四・四パーセントと世界第五位にランキングされている）。アラビア半島にある石油王国と同様に、ナウルも一五年間ほど絶対的な富を味わい、肥満体となった国民は糖尿病を患うことになった。

危機感を抱いたナウル以外の国の政府は、二〇〇〇年代初頭から、おもに若年層を対象としたスポーツ教育の推進に力を入れている。財政的に余裕があるこれらの政府は、糖尿病対策を打ち出すことができる。だが、おカネのないナウル政府は、自国民がじわじわと苦しみながら死に向かっていくのを傍観するのみであった。

その日の午後、島は過ごしやすいお天気となった。ナウルの夜は、夕焼け空と夜空がお互いに譲り合わない状態が一〇分くらい続いた後に訪れる。ナウルの人々はしばし立ち止まり、この光景を眺めた後に帰宅する。ひんやりとした夜の空気は、昼間の体のほてりを和らげてくれる。日が沈んだ直後の薄闇のなかで、メネン地区では、白い服を着た女性たちが同じ方向に向かって歩いて行く。数十人のナウル人がお墓の前に集まっている。人々は司祭が読む弔辞をおとなしく聞いている。数メートル離れたところから聞こえてくる岸に押し寄せる波の音が、葬式の重苦しい雰囲気を若干和らげてくれる。薄暗がりでの埋葬の儀式から、少しずつ人が離れて帰路につく。悲しいかな、ナウルではこうした光景は珍しくない。「糖尿病ですよ」と若いナウル人は、ぽそりとつぶやいた。埋葬されたのは、彼の隣人だという。

ナウルの悪霊ともいえる糖尿病。ナウルでは、体を蝕むこの病によって、週に二回から三回は葬式がおこなわれている。ナウルの人口規模（九〇〇〇人強）からすると、「週に二回から三回の葬式」は、恐ろしい数字である。糖尿病はナウル人の最大の死亡原因である。

「糖尿病とは、純粋に生活習慣病です。それ以外の何ものでもありません」

こう語るのは、二〇〇四年にナウル病院の院長に就任したエネルギッシュなオーストラリア人女性、マレー・バチガルポ（Maree Bacigalupo）である。

「ナウルの人々の食生活は、バランスの取れた質素なものから、糖分や脂肪分の高いものに変化しました。国民は自ら調理することをやめてしまい、外食ですます悪い食生活習慣を身につけました。現在、ナウルの成人の半数は糖尿病です」

ナウルでは、糖尿病は致死率の高い伝染病のような猛威をふるっているが、その原因ははっきりしている。おカネである。リン鉱石がもたらした富により、働く必要がなくなったナウル人は、出来合いの料理をたらふく食べ、歩くこともせず、高級車レンジローバーに乗って移動するといった生活習慣を身につけてしまった。

二〇年前、ナウル病院では、ナウル人やオーストラリア人の優秀な医師たちが近代的な医療機器に囲まれて働いていた。これはナウル政府の自慢の一つであった。「当時、ナウル病院は、太平洋で最も進歩的な医療機関の一つでした」と、ある看護師は証言する。

今日では、ナウル人の医師は二名しかいない。その一人は保健大臣のキエレン・ケケであるが、彼はもう臨床医としては働いていない。国家再建の時期ということもあり、彼は保健大臣としての職務を遂行するために、ほとんどの時間を費やしている。もう一人はキキ・トーマである。彼は七〇歳を超えた今も医師として働いている。

二〇〇四年には、ますます病弱となるナウル国民を救うために、キューバから九人の医師が派遣されてきた。その一年後には、彼らに代わって、中国人の外科医とバングラデシュ人の小児科医がやってきた。マレー・バチガルポ院長は、次のように説明する。

「ナウル政府には、医師にきちんとした給料を支払う財源がないのです。島での暮らしが苦しくなればなるほど、ナウルは辺境の土地として孤立してしまいます。安い給料で聞いたこともない国に医師を呼び寄せることができるとすれば、それは奇跡ですよ」

密閉感のない野外老人ホームのような雰囲気のナウル病院には、新品の医療機器が設置してある部屋もある。

「あぁ、この手術台は、オーストラリアが寄贈してくれました」

だが、まだ一度も利用されたことがないという。また、病院の停電事故に備えた自家発電装置は、充分に機能していないという。医療機器も優秀なスタッフも不足しているナウル病院は、田舎の病院に成り下がってしまった。外壁の一部は崩れ落ちている。室内の天井は風でめくれてしまい、そこからだいぶ前に降った雨水が染み込んだグラスウールの断熱材がむき出しとなっている。床には、雨漏りを受けとめるバケツがそこかしこに置いてある。病室には誰もいなかった。おそらく入院患者は、しみったれた病室で過ごすよりも、気持ちのいい海風を感じるために外に出かけてしまったのであろう。

年配の女性がスチール製のベッドに横たわっていた。彼女の腕には、奇妙な医療機器が結びつけてある。糖尿病を患う彼女は、人工透析によって腎臓を人工的に機能させているのだ。マレーはこの年配の患者に声をかけると、回診を続けた。病院の中庭にはベッドがいくつか並べてあった。病院のすぐ近くで遊びまわる子どもたちの喚声で騒がしいが、患者たちはそこで休息していた。

マレーは、ナウル大統領ら閣僚との会議があるから失礼すると述べ、別れぎわに次のように冷たく言い放った。

「ナウル人男性の平均寿命は五〇歳以下だと思います。国民の健康を管理するにあたって、われわれの医療体制は不充分です。こうした医療体制の不備が、死亡率に現れているのが悲しい現実です。救急車を購入してほしいと、私は数カ月前から政府に言い続けています。ところが先月、警察には三台のピカピカの四輪駆動車があてがわれたのですよ……」

ナウルだけでなく、太平洋諸島の国々には、糖尿病が蔓延している。サモア、トンガ、ツバルの国民も、糖尿病で命を落としている。メラネシアやポリネシアの人々は、遺伝的、体質的に糖尿病にかかりやすいという。しかし、ナウル人の場合は、生活習慣に大きな問題がある。島の黄金期に二十代だった島民にとって、「ナウル」とは「際限のない富」と同義であった。こうしたのんきな時代、島はモノであふれかえり、彼らは、未来永劫の富をむさぼり、海外旅行に明け暮れていた。それから三〇年の歳月が経ち、彼らは五十代となった。彼らの間に蔓延した糖尿病は、致命的な病となった。糖尿病は、治療薬の投与によってある程度は緩和できる場合もある。だが、いわゆる「二型糖尿病」の末期になると、切断手術が不可避となり、腎不全、心血管疾患、心臓マヒなど、患者の命にかかわる病状が現れる。

島の小学校のすべての教室の壁には、「正しい食生活、スポーツで汗を流そう」、「糖尿病をやっつけよう」という文句が並んだ、糖尿病予防キャンペーンのポスターが貼られている。肥満と糖尿病に対する取り組みは、ナウルの国策である。保健大臣に就任してからすぐに、キエレン・ケケは日常生活の改善に取り組むように国民を指導してきた。公共の建物の壁にはポスターを貼り、親には郵便物を配布し、定期検診も実行した。

「子どもの教育にはスポーツが有益です。ターゲットは子どもたちというよりも、むしろ親を教育する必要があります。というのは、親たちの世代は若い頃から、きちんとした時間に起きる、働く、料理をするといったことさえ、怠ってきたからです。問題の根源は、親たちの生活態度にあるといえます」

議会の隣には、経済省、法務省、産業省など、おもな省庁が入居している建物がある。女性センターは、海岸近くにあるこの建物の二階の隅のほうにあった。責任者であるジョイ・ヘイネ（Joy Heine）は、エアコンの効いた部屋に私を暖かく迎え入れてくれた。陽気で恰幅のよいナウル人女性ヘイネは、笑いながら大声でまくし立てた。

「変な場所にあるでしょ。部屋も狭いし。でも事務所を構えられただけ、よしとしなきゃ。ナウルの閣僚でも、女性の権利を守る事務所がどこにあるのか知らない人もいるのよ」

狭い部屋では、床に座り込んだ若い女性たちが、手仕事で真珠の首飾りをつくっていた。政府の庁舎内において、若い女性たちが輪になって座り込み、工芸品をつくっている光景はちょっとした驚きであった。彼女たちは静かに手作業に没頭している。ジョイは、私に彼女たちを紹介し、ついでに部屋にあるパソコンも見せてくれた。「この部屋でまともに機能しているのはパソコンだけよ」と彼女が言うと、部屋はどっと笑いに包まれた。

彼女はナウルの女性たちのことを自分の娘のように語る。

「この島では誰もが知り合いなのよ。私は島の人々全員を知っているわ。今、アルコール中毒の夫に暴力を振るわれて困っている若い女性の面倒をみているところなの。その夫にコンタクトをとって説得にあたったり、まわりの家族に監視してもらうように頼んだりしたわ。でも、あまり力になれないのよ」

ナウルの政治は、往々にしてご都合主義である。

「ナウルの国民は、これに慣れっこになってしまったわ。島の経済が好調だと、ナウル人はおカネを所望しに政府の事務所にやってきたものよ。ほとんどの場合、政府は彼らにおカネをあげていたの。こうした悪習が今もしつこく残っているのよ」

狭い領土におけるこうした杜撰な政治が、利益誘導型の政治手法を助長させてしまったのだ。だが、ジョイがやろうとしていることは、女性を基盤とした社会の再生である。

「ナウル人女性には援助が必要なの。女性は家族の基盤よ。つまり、これは今まさにナウルが必要としている社会的安定なのよ。ナウル社会は、昔は母系社会だったことをご存じかしら」

「教育というよりも、再教育する必要があるの。二〇年前を境に、ナウルの文化と生活の知恵が次世代に継承されなくなってしまったの。例えば、今の若い娘たちは、育児方法など、基本的なことでさえ知らないの。でも、育児を学んだのはいいけれど、今度は食べる物が足りないといったありさまよ。これもまた困りものよ」

ジョイは続けた。

「だけど、こうなったのも当たり前。八〇年代に、彼女たちの両親は自炊などせず、毎食、中国人の店に行ってテイクアウトの食べ物ですませていたの。そして政府は毎週、各家庭に家政婦を送り込んで家の掃除をさせていた。そうした環境で育った彼女たちが大人になって、いざ家事をやろうとしたって無理よ。日々の家事のやり方など、誰もが忘れてしまったわ。家事や子育てなど、主婦業は簡単な仕事じゃない。つまり、こうした教育をまったく受けたことがなければ、主婦業をこなすことなんて、できるわけがないじゃない」

「私たちが抱える問題の根源は、教育の不備だと思うわ。怠惰な生活態度を容認したことで、冷凍食品やファストフードで食事をすませたり、すぐそこまで行くのに車に乗ったり、自堕落に暮らすようになったのよ。私たちの祖先は違ったわ。私たちの文化や知識は完全に捨て去られてしまった。ナウルの糖尿病の原因だって同じよ。われわれは甘やかされすぎたのよ」

女性センターでは、ナウルの人々の生活を改善しようとしている。しかし、ナウルにとっての優先課題は経済復興であることから、ジョイは、財源がない状態でこの課題に取り組まなければならない。

「私たちの活動としては、悪い噂をキャッチした段階で、まずはその家庭を訪問するの。数週間前、ナウルの若い娘たちを〝再教育〟するために、数人の娘をフィジーに送り込んだわ。フィジーで彼女らは、部屋の清掃、台所の片づけ、シーツの取り替えなど、要するに家事一般を学ぶの。ナウルは、若い娘が外国にまで行って掃除機の使い方を学んでくるといったところまで堕落したのよ」


ほんの三〇年ほどの間に、ナウルの国民は自己の記憶から自らの文化を消し去ってしまった。小間物屋のヴィオレット・マッカイはこう語る。

「この文化の喪失はあっというまだったわ。民族ダンスを踊りながらの夜の集いなど、ナウルのすべての伝統は消滅してしまった……。ナウルの女性たちは、島の民族衣装の裁縫や簡単なネックレスのつくり方でさえ忘れてしまっているの。リン鉱石マネーによって、人々の暮らしや文化は一変してしまったわ。島民たちが伝統行事の準備のために集まることもなくなったし

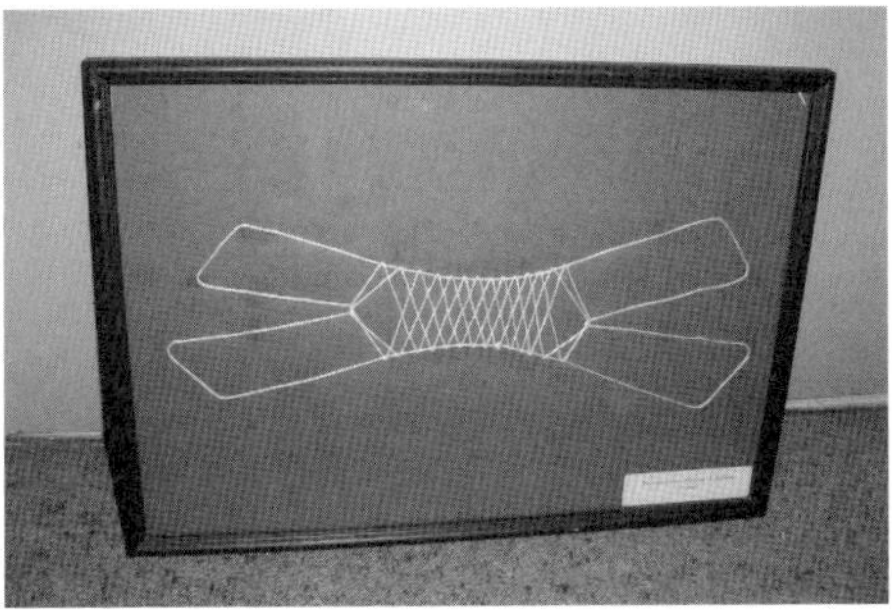

ナウルの伝統的な手工芸品の数々.
政府庁舎内に展示コーナーが設けられている.

……。その一方、島にはそこらじゅうにレンタルビデオ屋があるでしょ。島民はビデオを次々と借りては家のなかで過ごすほうが好きなのよ」

キキ・トーマはコーラを注文した。中国人の経営する雑貨屋のなかは、蒸し風呂のように暑かった。天井には壊れそうな送風機がぎこちなく作動している。外の気温は、摂氏四〇度はあるだろう。部屋のなかの温度は、外よりも多少低いといったところか。医師であるキキ・トーマは言う。

「ナウルにとって糖尿病は致命的です。三〇年ほど前までは、誰も糖尿病など気にもとめませんでしたが、注意を怠っていたわけではありません。われわれは警戒を促すように、きちんと指導してきました。しかし、島の暮らし向きが楽になると、こうした警鐘に耳を貸す者がいなくなったのです」

キキ・トーマは、大統領直轄の若年層に対する糖尿病予防対策など、彼が関わった取り組みのこれまでの経緯を語った。

「島の人々は昔から糖尿病と付き合ってきました。これまでも糖尿病患者のいないナウル人家庭はありませんでした。よって、糖尿病の原因は、変化した食生活ではなく、日常の運動不足にあるとみるべきです。しかし、誰も意に介さなかったのです」

ナウル元大統領のバーナード・ドウィヨゴは、糖尿病で亡くなった。ナウル建国の父である「ハマー」・デロバートも同様である。大統領経験者で唯一存命のルドウィグ・スコッティは、糖尿病の合併症で二〇〇五年にオーストラリアで眼の手術を受けた。運動不足の国民に模範を示すために空港周辺をこれ見よがしに歩いたレネ・ハリスは、一五年前から糖尿病であった。

医師のトーマは、ずばりと言い放った。

「糖尿病は、島にぶら下がる新たなダモクレスの剣〔ギリシャ神話の故事で、つねに危険と隣り合わせであることのたとえ〕です。ナウルはこれまで二度の危機を経験しました。ナウルの規模では、人口が一五〇〇人を下まわると、人口の再生産が難しくなるとのことです。二〇世紀初頭、そして日本軍の侵略が終わり一九四五年にトラック島から戻ってきたとき、ナウルの人口は消滅寸前でした。そのたびにナウルの人々は、消滅してしまわないための努力をしてきました。しかし、またしてもわれわれは、人口学上の限界に直面しようとしています。現在、危険はかなり迫っていると思います。近い将来、糖尿病による死亡者数は増加し続け、出生数を大幅に上まわることになるのではないかと危惧されます」

トーマは一息ついて続けた。

「とても皮肉なことですが、現在のわれわれの経済的苦境がわれわれを救っているのです。ナウルは一文なしとなりました。家長は朝から晩まで魚釣りやココヤシの実の収穫に出かけるという、一世紀前の暮らしに舞い戻りです。さらには、経済危機により、人々の誤った食生活も改善されました。釣ったばかりの新鮮な魚やフルーツをたくさん食べるようになりました。また、釣りに出ることで、体を動かすようにもなりました」

ナウルの生き残りを賭けた対応には、思わず笑ってしまう。

「ナウルを襲う糖尿病の対応策が、現在のわれわれの経済的貧困であるということは、まったくもってパラドックスです。島におカネがあふれていたときよりも、われわれは健康なのですから」

「トーマ先生、結局のところ、この島で糖尿病を患っていない人は、先生だけなのではないですか」

と私が発言すると、トーマは吐き捨てるように答えた。

「私も糖尿病患者です」

今度はニヤリと笑って彼は繰り返した。

「私も糖尿病患者です。料理を注文すると、次にまた誰かが注文する。つい食べすぎてしまうのです」

しばらくの沈黙の後に、彼はぼそっと語った。

「この島では糖尿病から逃れることは、医師でさえ無理なのです」

X

リン鉱石頼みの国家再建

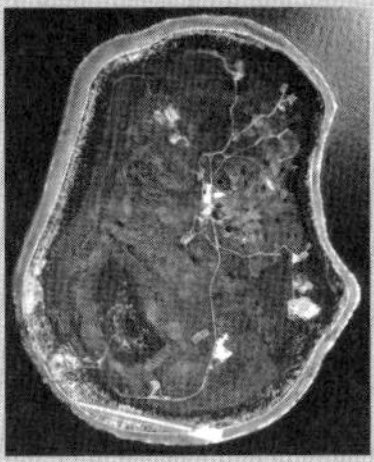

二〇〇六年、ナウルでは相変わらず頻繁に停電が発生していたものの、変化の兆しが感じられるようになった。ナウル人は家族を養うためにいつものように魚釣りに出かけるのだが、彼らのなかにはサンゴ礁を越えて沖合で漁業する者も現れた。個人や生鮮食料品を仕入れる中華レストランに、あまった魚を売りさばく者もいた。

ゴルフ場のフェアウェイの雑草は刈り取られ、ゴルフボールが行方不明になることはなくなった。日曜日にはゴルファーが続々とやってくるようになった。ナウル社会にスポーツが浸透してきた。政府主導のスポーツ振興策は、まずまずの成功を収めたようだ。二面あるテニスコートのネットが新調された。午後になると、そこかしこで子どもたちがオーストラリアン・ルールズ〔フットボール〕に熱中するようになった。

ナウルの将来を覆っていた分厚い暗雲に、少し切れ目が生じたようだ。どん底にまで落ちたナウルには、何度も死刑宣告が言い渡されたが、島国ナウルは満身創痍ではあるものの、死んだわけではない。

「ナウル・リハビリテーション・コーポレーション」は、ガソリンスタンドと駐車場の裏側という、他の公共の建物と同様に薄暗い場所にある。建物内部の調度品もまた簡素である。パソコンやコピー機などの事務機器はほとんどなく、椅子がいくつか並べてあるだけである。青白い電灯が照らす室内の雰囲気も薄暗い。

ナウルにおける「リハビリテーション」とは、体の悪い人を対象とした医療ケアではなく、一世紀以上にわたってナウル人を養ってきたナウルの土壌に対するケアである。ナウルの土壌は、今では悲惨な状態にある。リハビリテーション・プログラムの責任者ヴィンチ・クロードゥマーは、次のように述べた。

「リン鉱石の集中的な掘削がおこなわれてきましたが、ナウル政府は、採掘後の土地利用に配慮することなく、リン鉱石掘削による現金収入だけを考えてきました。島の経済活動を維持するために、掘削を急ぐ必要があったのです」

事務所の奥に座っているヴィンチ・クロードゥマーは、小型トラックのカギを一生懸命に探しまわっていた。小型トラックは、ナウル黄金時代の置き土産の一つである。現在、五十代のクロードゥマーは、かつてリン鉱石マネーによってオーストラリアでエンジニアの資格を取り、その後、官僚の道を歩んできた。エア・ナウル、次にナウル・フォスフェート・コーポレーションの事務局長を務めた後、法務大臣に就任し、その後に、保健大臣、教育大臣、財務大臣、労働大臣を歴任した。六年弱の間に四つの大臣職をこなしたことになる。クロードゥマーは、ナウル・フォスフェート・コーポレーションの職務に復帰すると、一九九九年には、国連に議席を持つ初のナウル大使となった。

「私たちのプロジェクトをあなたにお見せしましょう」

私を乗せたクロードゥマーの小型トラックは、砂ぼこりを立てながら投棄された廃車の間を縫うように走って、リン鉱石の採掘現場を通過した。小型トラックは、島の中央台地にあるサンゴでできた古びた小型の展望台のような石切り場に到着した。「実験区域」は、この下にあるという。

「ここがわれわれの土壌回復プログラムの最初の現場となる場所です。ここで農業をおこなう計画です。まずは耕作可能な土地にすることが第一歩です。そうすれば自然と植物は育つでしょう。その右手には農場をつくる計画です。そのもっと奥が墓地です。とにかくチャレンジしてみようと考えています」

ナウルはとりあえず入手できる武器で国家再建に向けて闘おうとしている。ナウルにとって国土を耕作可能な土地に戻すことは、過去の孤島としての戦略に回帰することを意味する。そして、ナウルの広大な排他的経済水域（国連海洋法条約にもとづき、沿岸国が経済的な主権を行使できる海域）には、豊富な海洋生物資源がある。島の周辺海域である太平洋の深海には、マグロ、大型のカレイ、カジキ、サメなどの魚類や、海洋哺乳類が生息している。

ナウルの東沿岸部のアニバレ地区にある港の漁業組合の事務所には誰もいない。かつては船着き場であった港のコンクリートの囲いでは、子どもたちが水遊びをしている。この港は、今ではこの地区に住む子どもたちのプールとなっている。かつて難民認定申請者たちは、退屈を紛らわせるために、ときどきここにやってきて泳いでいた。港を歩いていると、水遊びに興じる子どもたちの遊び声に加え、電動ノコギリの作動音や、ハンマーで金属を叩く音が聞こえてくる。港に面した倉庫の窓からは、溶接工事の際に発する青白い光が漏れてくる。倉庫での作業は続行中であったが、アニバレ地区の中華料理店では、二人の日本人技術者がハンバーガーを食べていた。ここはナウルで唯一、ハンバーガーを食べることのできる店である。

「ナウル・リハビリテーション・コーポレーション」のホームページ．トップページにはヴィンチ・クロードゥマー CEO のメッセージが掲載されている．彼もまた，ナウルが海外投資に失敗した時代の“戦犯”の一人である（124 頁参照）．
（出所：http://www.nrurehab.com）

日本人技術者の一人は、完璧な英語でこう語った。

「私たちは島の漁船を修理するために、ナウルに派遣されてきました。ナウルが漁業をやめてからかなりの時間が経ちます。日本政府の命を受けた私たちは、漁船を使用できる状態にまで修理します」

長年にわたって沿岸部に放置され、船体が錆だらけとなった漁船の修理は、見るからに大変そうであった。しかし、二人の技術者は自信たっぷりに言った。

「修理中の漁船は、二ヵ月以内に問題なく使用できるようになります」

毎日、数人のナウル人がこの漁船の修理の手伝いにやってくる。修理が終われば、ナウルは新鮮な魚を大量に漁獲することができるであろう。もちろん、日本の援助はひもつきである。ナウルは商業捕鯨再開をめざす日本の新たな同盟国であることに加え、日本はナウル周辺の海域でマグロ漁に精を出すようになったのである。


二〇〇五年末、島全体はスクラップ置き場のような状態であった。廃車があちこちに投棄されていた。ナウルのすべての地区には、走らなくなった車やトラック、古タイヤ、壊れた電化製品、くず鉄などの産業廃棄物があちこちに投棄されていた。こうした産業廃棄物には、ビデオデッキ、テレビ、ステレオなど、過去の栄華を物語る製品も含まれていた。

リン鉱石の掘削現場はゴミ捨て場となっていた。ボロボロになった鉱石運搬トラックや何十本ものドラム缶など、これまで鉱山で使われてきたさまざまな作業機械や用具が置いてある修理工場は、真っ黒で廃油だらけの廃墟と化していた。鉱山では稼働するものは何もなく、鉱山周辺は草木が一本もない荒れ果てた状態となっていた。ときどき作業員の姿が見えるが、彼らは無傷の構造材を修理工場から回収するためにハンマーを振りまわしていた。

リン鉱石の採掘現場.
撮影した2005年当時，ゴミ捨て場の様相を呈していた.
1907年以来のリン鉱石採掘面積は島全体の80パーセントにも達する．掘削機を利用してリン鉱石を掘り出した跡は，突き立った岩が墓石のような風景をつくり出している.

翌年、港近くのリン鉱石の加工工場や乾燥設備の操業が再開され、数人のナウル人がほこりまみれとなって作業の監視にあたった。

旧式の生産システムにもかかわらず、鉱山は再開した。数台のピカピカのトラックがリン鉱石を選別場に運び込んできた。

ナウルはリン鉱石の二次採掘に新たな将来を見いだした。二次採掘とはリン鉱石の二次層を採掘することである。

ストレスいっぱいの鉱山技師アンドリュー・ウィアー(Andrew Weir)は、おもにリン鉱石を探して世界中を駆けまわっているが、ナウルの問題点を次のように指摘した。

「ナウルに来て一カ月半になりますが、掘削から港までの運搬、さらにはリン鉱石の選別や乾燥まで、リン鉱石産出のプロセス全体を再稼働させなければならないことがわかりました。要するに、島の設備はほとんど整っておらず、ゼロから出発しなければならないということです」

会話の途中ではあったが、彼はそそくさと小型トラックに乗り込み、港からトップサイドと呼ばれる島の中央台地に向かった。ここがナウルにとってきわめて重要なリン鉱石の採掘現場である。

「ゼロからの出発とは、単なるイメージではありません。メンテナンスや資金の不足で、リン鉱石事業は稼働しなくなりました。これまでに、稼働する設備、稼働しない設備、利用できる材料、スクラップに出す材料など、リストを作成してきました……」

アンドリューは、仕方がないといった苦笑いの表情を浮かべていたが、彼の双肩にはかなりのプレッシャーがかかっている様子であった。ナウルはオーストラリア経済にとって大きな争点となっていた。オセアニア地域では、二〇〇三年にナウルのリン鉱石の鉱山が閉鎖されるという噂が広まっていた。肥料を必要とするオーストラリアやニュージーランドは、ナウルのリン鉱石の産出が突然停止するのではないかと心配していた。ナウルのリン鉱石が手に入らないとなると、リン鉱石を輸入するには、チリ、アフリカ諸国、アメリカといった国々と交渉しなければならない。輸送距離がはるかに長いこともあり、価格は割高となるであろう。アンドリュー・ウィアーは、オーストラリア系の化学肥料と化学製品メーカーであるインサイテック・ピヴォット社という多国籍企業に勤務していたが、彼によると「ナウル産のリン鉱石は純度が高い」とのことだ。

日が暮れると、アンドリュー・ウィアーと私はビールを飲み交わし、彼はオーストラリアをバイク旅行したときの話などを私に語って聞かせてくれた。口ひげをはやし、丸顔のアンドリューは、彼の任務について次のように述べた。

「僕がここにいるのは、もちろんリン鉱石があるからさ。リン鉱石の産出を再開させることは、ボランティア活動なんかじゃなく、もちろんビジネスだよ。ナウルを救済するためにここに来たんじゃない。この援助は相互の利益さ。こっちはナウルのリン鉱石が必要だし、向こうは経済を再始動させるためのおカネが必要ってわけだよ。まあ、両者の利害が一致したということだよ」

翌日、島の中央台地トップサイドに向かう道路を、数十台のトラックが猛スピードで走り抜けていった。疲れた表情のアンドリューは、早朝からそこにいたという。アングロサクソンの伝統である冷静さを保ちながらアンドリューは語った。

「今日働くはずの作業員をかき集めるために島を周回してきたけど、半分も集まらなくてさ。ナウル人と一緒に働くか、あるいはナウル人を働かせるか。これがナウルにおけるリン鉱石の知られざる素顔だよ。つまり、ナウル人は生まれてこのかた働いたことがない。とにかく鉱山では働いた経験がない。働く必要がなかった彼らは、労働時間とは何なのかさえ知らない。というわけで、ときどき彼らをベッドから叩き起こさなければならないんだ。多少大げさに言えば、これがナウルのリン鉱石をめぐる経済活動を再始動させるにあたっての最大の障害ってわけさ」

「第一段階としては、一次採掘の段階を終えること。これまで言われてきたこととは違って、実際にはリン鉱石の第一層の埋蔵量は枯渇していない。まだ採掘していない地域には、相当量のリン鉱石が眠っている。まずはこれを掘り出すこと。そのためには採掘プロセスを再始動させる必要があるんだ」

リン鉱石会社の作業現場や資材置き場に活気が戻ってきた。ナウル人は数台の作業車を修理するためにせっせと働いている。修理工場には、巨大な車輪を持つ三台のトラックが置いてあった。

　現在でも掘削がおこなわれているのは、島の中央台地から少し下った民家が建ち並ぶ付近である。リン鉱石の掘削跡である「ピナクル（尖塔）」が林立するところでは、子どもたちは一台のパワーショベルがリン鉱石を採掘するのをときおり眺めながら、かくれんぼをして遊んでいる。リン鉱石を採掘するパワーショベルがサンゴでできた岩とこすれ合う音が聞こえてくる。ピナクルの間のくぼみに沈み込んで作業するパワーショベルは、やっとのことで掘り出した岩をブルブルゆすり、それを地面に放り投げると、また元のポジションに戻って同じ作業を繰り返す。

　地面には、次第にリン鉱石が積み上がっていく。すると、どこからともな

リン鉱石採掘現場で働く労働者の居住施設（2005年撮影）.
近隣の島の出身者がここに家族で住み込みながら働いていたが，
大規模採掘が中止となったことにより，彼らのほとんどが自国の島に戻った.
近い将来，リン鉱石採掘が本格的に再開されることになったとき，
採掘現場で働くのはナウル人自身となるのだろうか.

くピカピカの真新しい黄色のトラックがやってきて、荷台を満載にして走り去っていく。

ナウルの産業大臣フレディ・ピッチャーは、リン鉱石産業復活の中心人物である。ひさしのある帽子をかぶり、アロハシャツを着たピッチャーは、平時の大臣ではない。ある日曜日の午後、彼は友人と自分の船に乗って釣りに出かけたついでに、リン鉱石の輸出現場を覗いた。

「これは記念すべき瞬間です。リン鉱石の輸出が再開するのです。今後も続々と輸出します」

彼の小型船は、海上に垂れ下がるように据えつけられている巨大クレーン〔カンティレバー〕の下を通過した。リン鉱石は、このクレーンによって船倉に搬入されるのである。日曜日の海の上でも、話題はつねにリン鉱石である。

「われわれ政府の優先課題は、リン鉱石産業を再開させることでした。われわれはナウル経済がゼロになったのではないことを示す必要があったのです。リン鉱石産業は、わが国にとって死活問題でした。私たちは過去に自らの資本を浪費してきました。あの資本がまだ残っていれば、今でも優雅に暮らせたはずでした。誰もがナウルのリン鉱石は枯渇したと言いました」

「二次採掘というアイデアを、われわれは真剣に検討しました。私たちの島は、土とサンゴとリン鉱石でできていることを、試掘して確認したのです。次に、二次採掘に着手するための採掘費用を工面する必要がありました。文字どおりゼロからの出発です。海上クレーン、空っぽの倉庫、錆びついた掘削機械などを除くと、これまでの設備は老朽化してまったく使いものにならないことがわかりました。紙と鉛筆を持ってきて、不足しているものや必要なものを、すべてリストアップしました」

二〇〇〇年代初頭、リン鉱石市場では、需要が急増したことから価格が高騰した。インサイテック・ピヴォット社はナウルを説得した。

「ナウルにふたたび明るい未来をもたらそうではありませんか。リン鉱石によって、シドニー、メルボルン、ブリスベンでなく、ナウルの未来を切り拓こうではないですか」

ナウルに秋波を送ったのは、インサイテック・ピヴォット社だけではなかったが、同社の提示する条件は最も説得力があったようだ。インフラ設備を再稼働させるかわりに、インサイテック・ピヴォット社は、ナウルのリン鉱石を一定期間、優先的に買いつけることのできる権利を得た。一方、ナウルは、数トンのリン鉱石と引き換えに、自国の主要な経済活動の再建を果たす。インサイテック・ピヴォット社は、このプロジェクトに五〇〇〇万オーストラリア・ドル以上を投資したと発表した(*1)。

二〇〇六年、ナウルは危機的状態から完全に脱出したわけではない。生活条件の改善は感じられるようになったが、二次採掘はまだスタートしたばかりである。ナウルでは、インサイテック・ピヴォット社が独占的に事業をおこなっている。リン鉱石の輸出は再開したものの、これは第一層に残ったものをかき集めただけである。しかし、希望は現実となりつつある。フレディ・ピッチャーは、自分の船で島を周遊する間に、彼が考えたナウル再生プロジェクトを列挙しながら、将来の展望を熱く語った。彼はアジア開発銀行の要職を辞して、自国再建のためにナウルに駆けつけた。高給取りから月給一四〇ドルの身となったのである。国家再建の中心人物はこう言った。

「将来的にはリン鉱石を年間五〇万トン輸出するつもりです。それにともなって、一〇年後のナウルの暮らし向きは大きく改善されることでしょう」

資源はナウルの地下に眠っているが、やはりいつかは枯渇する。国家当局はこれについても自覚している。二次採掘の「寿命」は、三〇年から四〇年と推定されている。島の台地の標高が掘削で五メートルから六メートル低くなった時点で、リン鉱石は枯渇し、島の心臓は蝕まれてしまう。では、ふたたび海外投資に打って出るのであろうか。

「さあ、どうでしょうか。今回はリン鉱石マネーをうまく運用しないと……」

島の中央にある静まり返ったリン鉱石の巨大な採掘現場は、ナウルの日の出と同様に美しい。鮮やかなバラ色に染まった空から太陽が昇り、空をふたたびあたためる。太陽が放つ光はサンゴでできたピナクルを照らし出した。この瞬間、島はまだ眠りについている。もうしばらくすると、このあたり一帯は灼熱地獄となる。

二次採掘が始まると、無数のピナクルは姿を消すであろう。火薬の爆風でこれらの巨大な岩は吹き飛ばされてしまう。ナウルの救世主となるリン鉱石はその下に眠っており、ピナクルを吹き飛ばしてしまっても問題ない。ナウルの黄金時代には、こうした死んだサンゴを砕く手間をかける必要もなく、ただ掘ればよかった。今日ではピナクルにも価値が生まれたように、ナウルはさまざまな工夫を凝らして生き残らなければならない。国の進路転換に向けて、ナウル政府もまた全方位にアンテナを張りめぐらせている。ピナクルの残骸は、防波堤やダムの建設、埋め立てなどの際に利用することができる。そして島には、数百万トンのリン鉱石があり、オーストラリアやヨーロッパに搬送されるのを待っている。

不幸な過去を引きずるナウルは、リン鉱石を頼りに国家再建を果たそうとしている。大臣の一人デビッド・アデアンは語った。

「われわれに他の選択肢はないのです。リン鉱石はわれわれの将来の発展の源です」

ナウルはふたたびお金持ちの国になるのだろうか。明らかなことは、ナウルには、他に進む道はないということだ。

註

＊1 Sean Dorney, "Pacific Paydirt," ABC, 3 February 2008.

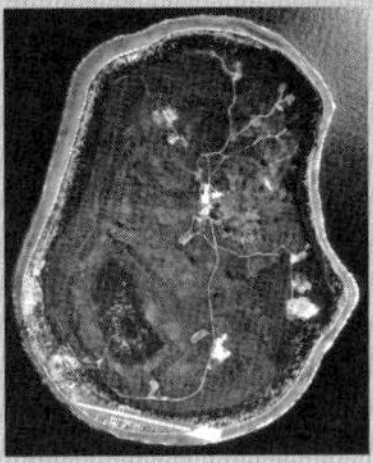

エピローグ

ナウルの教訓

ナウル最後の難民、モハマド・サガールも自由の身となった。オーストラリアが決定を下すまでの五年間、彼は太平洋に浮かぶ小島で待ち続けたのである。

「私は人生の五年間を無駄にしました」

現在、彼はスウェーデンに住んでいる。

ナウルの難民キャンプは、二〇〇七年一二月をもって閉鎖された。オーストラリアの首相に労働党のケビン・ラッド（Kevin Rudd）が就任すると、彼は選挙中の公約どおり、「パシフィック・ソルーション」を廃止した。

島では医師のトーマが学校で糖尿病予防キャンペーンを精力的に実施している。毎月、糖尿病による死者の数は増加しているという。

「糖尿病を食い止めるためには、この国を再建するのと同様に、一〇年はかかるでしょう」

二〇〇八年八月、レネ・ハリスも糖尿病の犠牲者となった。ナウルを失墜させた張本人であるハリスは、体調が悪いにもかかわらず、政権を転覆させようと政治工作を仕掛けたが、その数カ月後に心臓発作で息を引き取った。レネ・ハリスの葬儀は国葬となった。

リン鉱石によって富を手に入れたナウルは、混沌とした歴史をたどってきた。そしてまたしてもナウルは、リン鉱石に振りまわされようとしている。ナウルにとってのリン鉱石は、苦悩の源であるが、救世主でもある。バイオ燃料の生産量が急増したことから、中国、インド、ブラジルなどの新興国における肥料の需要は飛躍的に高まった。こうした市況がナウルの再建を後押ししている。その結果、リン鉱石の一トンあたりの価格は、二〇〇八年の一二カ月弱の間に三倍にまで跳ね上がった。またしても富がナウルに舞い込んできたのである。だが、はたして今回のブームはどのくらい続くのであろうか。

多くのナウル人は、「いろいろなことがあった」と述べるだけで、これまでの出来事について多くを語ろうとしない。過去の記憶を「いろいろなこと」で片づけてしまう彼らは、思い出すのも億劫な様子だ。だが、「いろいろなこと」を忘れてしまっては困る。

ナウルに関連したいろいろなことは、あたかも将棋倒しのように、ある出来事が次の出来事を誘発していった。リン鉱石がマネーをもたらし、マネーが国民を堕落させ、国民は自分たちの文化を失った。国民は自己管理を怠り、「不干渉」のなかに無頓着が蔓延した。根拠なき熱狂による投機政策が生み出した栄華を味わっている間に、富をもたらす資源が枯渇した。採掘により国土は荒廃し、破綻状態に陥った国家は、自国領土を賃貸することを強いられ、国民は自らの健康管理に失敗して病を患った。

「どんなことが起こっても、ナウルだけは大丈夫という気持ちがあったんだよな」

家族を養うために毎日、港へ釣りにやってくるナウル人カイロは回想した。

「おカネが大量に出まわっていたのさ。おカネがなくなっても、またどこかからおカネが降ってきた。今から思えば、あれはまさにバブルだったよ。当時、われわれには絶対なる富を手に入れたという過信があった。ここまで没落するとは、誰も思わなかったよ」

世界最小の共和国は、経済面、環境面、健康面において、二〇世紀史上最大の破綻国の一つとして名を残すことであろう。ジャレド・ダイアモンド（Jared Diamond）は、彼の著書『文明崩壊』（＊1）のなかで、文明とその運命を条件づける環境とのつながりの重要性を述べている。「社会はいかにして自らの消滅あるいは存続を決定するのであろうか」という問いである。自らの環境を保全する術を知らない社会は、この世から消え去ったという。イースター島がまさにその例である。イースター島の先住民が島の森を切り倒してしまったことで、動物は絶滅し、土壌の侵蝕が徐々に進行した。歳月の経過とともに、狩りや農業ができなくなり、ついにはイースター島の文明に終止符が打たれた。

二一世紀初頭に、オイル・マネーによって途方もない不動産関連の投資をおこなっているドバイ首長国などの国家も、こうした長い歴史からの教訓を理解していないのではないだろうか。

世界中で、これらの国家資産の基金がいくつものプロジェクトにファイナンスしている。「ナウル・ハウス」ビルディングは、七〇年代においては国家の威信を世界に示す巨大な建造物であったが、ドバイの超高層ビル群と比較すると、現在では旧式の平凡なビルにすぎない。ドバイ首長国は、マネー、豪華な観光施設、巨大な建物と、まるで天国のような様相である。こうした環境こそ、多国籍企業のようにドバイ首長国を切り盛りする首長ムハンマド・ビン＝ラーシド・アール＝マクトゥーム（Mohammed bin Rashid Al Maktoum）が考える完璧な世界の三点セットである（＊2）。無頓着にオイル・マネーからの恩恵を受けてきた国民は、現在、豪奢の副作用に直面しようとしている。ドバイでも肥満と糖尿病が社会問題となったのである。同じ誇大妄想を抱くドバイ

とナウルには、同じ症状が現れたというわけだ。

ナウルからの帰りの飛行機のなかで、マイケルと名乗るオーストラリア人は私にこう語った。

「過剰な富という問題に直面している私たちにとって、ナウルは〝破綻した国〟という以上の意味があります」

彼は仕事で定期的にナウルを訪れるという。

「いったん物質的に満たされると、自らの文化をおろそかにし、過去の教訓を忘れ去り、自らの住環境を顧みない。こうした人間の性《さが》こそがナウルの歴史でしょう。ナウル人であろうが、西洋人であろうが、中国人であろうが、この点においては、われわれ全員が同じなのではないでしょうか」


ナウルの歴史に終止符が打たれたわけではない。過去のツケを抱える島民たちの健康状態はいまだにすぐれないが、リン鉱石経済は将来的に回復するであろう。

サンシャインという名のナウル人女性が糖尿病にかかった。彼女は週に二回、人工透析のために島の病院に通わなければならない。これからは、生き延びることが彼女の仕事となった。糖尿病の原因になったと思われる安易で気楽な暮らしについて後悔していないかと彼女に尋ねたところ、サンシャインはしばらくの沈黙の後に、こう返答した。

「金持ちになりたくない人なんて、いるわけがないじゃない」(＊3)

註

＊1　ジャレド・ダイアモンド『文明崩壊——滅亡と存亡の命運を分けるもの』楡井浩一訳、草思社、二〇〇五年。

＊2　Mike Davis, *Le Stade Dubaï du capitalisme*, Les Prairies ordinaries, Paris, 2007.

＊3　Juliano Ribeiro Slagado, "Nauru,une île à la dérive," *Arte*, 31 March 2009.

原著者インタビュー

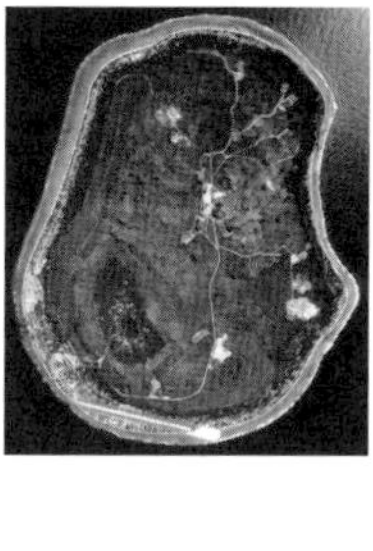

聞き手：林　昌宏（本書訳者）

本書は、Luc Folliet, *Nauru, L'île dévastée. Comment la civilisation capitaliste a détruit le pays le plus riche du monde*, Éditions La Découverte, Paris, 2009 の全訳である。直訳すると、『ナウル、荒廃した島――資本主義文明がいかにして世界一裕福な国を破綻させたか』となる。

「自分の目で確かめてこい」という巻頭言に感化された訳者は、本来であれば万難を排してナウルに行くべきであったが、急遽、行き先をパリに変更し、原著者リュック・フォリエ氏へのインタビューを試みた。小柄で長髪の青年は、まるでどこかのユースホステルで偶然出会ったバックパッカーといった感じであった。パリのカフェにて、本書の舞台裏、ナウルに関する最新情報、フランスにおける本書の反響、ナウル渡航情報などについて聞いてみた。以下に紹介したい。

＊

――ナウルに興味を持ったきっかけは何ですか。

本書でも少し触れたように、私は小さい頃から両親と一緒に世界地図を眺めるのが大好きでした。一〇歳の頃に買ってもらった地図帳には、写真がたくさんあり、解説文も充実していました。この地図帳を毎日、飽きもせずに眺めていたのです。ある日、「ナウルの首都ヤレン、人口五〇〇人」という記述が目にとまりました。子ども心にも、首都の人口がたったの五〇〇人とは驚きでした。ナウルについての解説文には、リン鉱石の輸出を主力産業とする太平洋に浮かぶ孤島といったようなことが書いてありました。私の頭のなかには、リン鉱石の輸出で得た富で優雅に暮らしていた「失われた楽園」というイメージが出来上がったのです。

――一〇歳の頃から興味を持っていたのですね。

そうです。その後もインターネット黎明期の頃には、CD―ROMでナウルの動向を追っていました。大学生になり、イギリスのエジンバラ大学に留学したのですが、たまたまイギリスの新聞「タイムズ」にナウル衰退の記事を見つけました。二〇〇一年のことです。その記事には、一九七〇年代の黄金時代の後のナウルは、経済的、社会的な諸問題が山積し、経済支援と引き換えにオーストラリアへの亡命を希望する難民を受け入れていると記してありました。

――その記事がきっかけとなって、ナウルへ旅立ったのですか。

いいえ。すぐにでもナウルに行って実際に自分の目で見てきたかったのですが、フランスの大学の授業が忙しかったので、学業をほったらかしにすることはできませんでした。しかし、大学でジャーナリズムを専攻していたことから二人の優秀なプロデューサーと知り合いになり、彼らに私のナウルに対する情熱を語ったところ、一緒にドキュメンタリー・フィルムをつくろうという話になりました。マーク・ド・バイザー氏（Marc de Bayser）という映画制作プロデューサーも参加することになり、この話は一気に本格化しました。ドキュメンタリー・フィルムの監督はジュリアーノ・リベイロ・サルガド氏（Juliano Ribeiro Salgado）、私はフィルムの脚本を担当することになったのです。

――ドキュメンタリー・フィルムをつくることのほうが、本書の企画よりも先にあったんですね。本書を読んで、描写がじつに映像的だなと思いました。

そうなんです。ドキュメンタリー・フィルムをつくるための準備をしている間に、ナウルの急激な衰退を映像と同時に、文章としてもまとめておきたいと思ったのです。それが本書執筆の直接的なきっかけです。

――最初にナウルに行ったのはいつですか。

ドキュメンタリー・フィルムのロケ準備のために、二〇〇五年一一月に一人で二週間滞在しました。本書でも紹介したように、パリからナウルに到着するまでに三日間もかかりました。おまけに途中で預けた荷物は紛失し、ナウルの空港に到着したときは、停電中で島全体が真っ暗でした。

――本書の冒頭部分ですね。絶海の孤島にフランス人青年がポツリと現れたにもかかわらず、島民との交流は、意外にスムーズに事が運んだような印象を受けましたが。

いえいえ。最初は大変でした。当時のナウルは完全な破綻状態で、ガソリンの供給も不定期であったことから、私を案内してくれるはずの人物もガソリンが手に入らず、車を動かすことができませんでした。仕方がないのでヒッチハイクを試みたのですが、これが幸いしました。島民の車やオートバイの後ろに乗せてもらい、小さな島でヒッチハイクをしているうちに、多くの島民と知り合いになれました。三〇分もあれば車で島を一周できます。本書でも指摘しましたが、島をドライブするのが大好きなナウル人は、両親や友達を訪ねてまわるのです。私の受けた印象では、ナウル人は小さな島に閉じ込められているという感覚を忘れたいがために、時間があれば島の一本道をグルグルとまわっているのではないかと感じました。

――そしてドキュメンタリー・フィルムのクルーとふたたびナウルに行ったというわけですか。

はい。その翌年に監督のサルガド氏と一緒に三週間滞在し、一緒にロケ地の確認作業をしました。娯楽がほとんど存在しない絶海の孤島で三週間を過ごすというのも、結構大変でした。このときにわかったのは、こんな小さな島でも、コミュニティ同士が交流することがほとんどないという事実です。夜になると誰もが自分たちの仲間としか集わないのです。ナウル人のグループ、中国人のグループ、近隣の島々からの移民グループ、外国からの駐在員たちのグループ、オーストラリア人のグループ、メネン・ホテルに滞在する各種NGOで働くグループなど、こんな小さな島なのに、グループを超えて交流しようとする雰囲気がまったくなかったのには驚きでした。

――島に変化はありましたか。

最初に行った二〇〇五年には、電気やガソリンもなく、公務員の給与は凍結状態でした。島全体は恐ろしく悲惨な状態でしたが、改革心にあふれる若年層が政権を握ったところでした。その後、彼らはコツコツと改革を実行していったことから、その翌年にはナウルがどん底から抜け出しつつある兆しが感じられました。日常生活は多少楽になり、島民たちも島の未来に対して期待が持てるようになったと感じている様子でした。

——私もリュックさんの足跡をたどるために、実際にナウルへ行こうと思ったのです。そこで新泉社の編集者と一緒に東京にある「太平洋諸島センター」を訪ね、基本的な情報を収集すると同時に、ナウルの観光局やオーストラリアのナウル大使館に観光ビザを問い合わせたのですが、まったく返事がありませんでした。ナウルでは、どうも観光客はあまり歓迎されていないようですね。ナウル渡航はあきらめ、その代わりに原著者であるあなたに会うためにパリに来たというわけなんですが。このあたりの事情について教えてください。

要するに、ナウルは地理的にどこからも遠いのです。ナウルはこのハンデキャップをリン鉱石マネーによって打ち破ろうとしたのです。本書でも触れたように、ナウル政府は「エア・ナウル」を設立して近隣諸島との交通網を確立しました。最盛期にはボーイング機を七台も所有してオセアニア地域の「ハブ」となったのです。しかし、こうした事情はナウルの財政破綻とともに大きく変化しました。さらには、二〇〇一年九月一一日のアメリカ同時多発テロ事件を境として、リン鉱石マネーも尽きた破産状態のナウルは、難民申請者を受け入れることによって外国からの財政支援を引き出そうとしたのです。当時、アフガニスタン、イラク、パキスタンから決死の覚悟でオーストラリアに海路で密入国しようとする難民の多くは、海上で拿捕されてナウルにある難民キャンプに強制収容されていました。これはナウル大統領がオーストラリア政府とこっそりと取引したからです。つまり、難民受け入れの対価としての財政支援です。しかし、オーストラリア政府のこうした乱暴な移民政策に対し、オーストラリア国内では、人権を無視した野蛮な施策であるという意見が続出しました。オーストラリアのマスコミも頻繁にこのニュースを取り上げたことから、オセアニア地域では、ナウルの難民キャンプに対する報道に火がつき、観光客を装った各国のジャーナリストによる潜入取材が相次ぎました。ビジネスマンや政府の関係者を除き、ナウルへの渡航ビザの発給が極端に制限されることになったのです。難民申請者の問題は、ナウルとオーストラリア両国の政府当局にとって触れられたくない頭の痛い問題となったのです。

――そんな事情にもかかわらず、リュックさんはうまくナウルに〝潜入〟することができましたね。

ええ。二〇〇五年にはじめてナウルに行ったときに感じたのですが、自分はおそらくビザの制限が始まってから最初にナウルを取材したジャーナリストであったのではないかと思います。六週間の滞在ビザを取得できたのは、当時のナウルの外務大臣が特別に配慮してくれたおかげです。観光客はほとんどいませんでした。二〇〇八年にドキュメンタリー・フィルムの監督サルガド氏もビザの発給を申請したのですが、実際に発行されるまでに六カ月も待たなければなりませんでした。

——ナウルではなぜ、潜入取材ではない普通の旅行者は歓迎されないのでしょうか。島の合法的な収入源にもなるような気がするのですが……。また、この本を読んでナウルへ旅行しようと思う読者に、何か「地球の歩き方」的なアドバイスはありますか。治安、衛生状態、宿泊施設などは、どうなっているのでしょうか。あるいは見どころのようなものや、ビーチやマリンスポーツなどを楽しむ南国のリゾートといった感じで出かけていってはダメなのでしょうか。

正直言って、この島ではあまりすることがないんですよ。島の基本的なインフラは傷んでいます。海岸は死んだサンゴ礁がゴロゴロしていて、綺麗な砂浜もありません。要するに、ナウルという島は、旅行会社のロビーに貼ってある南海の孤島といったポスターのイメージとは大違いなのです。島には二、三軒のホテルがあるだけです。最近になってようやく空の便も定期的に運行されるようになったみたいですが、フライト・スケジュールはきわめて不便です。ナウルを訪れる人は、この国が経験した悲惨な過去に興味があるのであって、この国の将来の発展には関心がないことも、ナウルが観光客を嫌い、外国に対して内向的になってしまう理由の一つだと思います。二〇年前にフィジーが観光立国をめざしたのとは反対に、ナウルの政策担当者は、経済発展のカギはリン鉱石の輸出再開しかないと考えています。

——ナウルのリン鉱石は枯渇したはずですが、輸出を再開することは、はたして可能なのですか。

現在のところ、ナウル政府の財政状態はきわめて厳しく、外国からの支援を仰がなければならない状態が続いています。最近では、グルジアに属する南オセチアとアブハジアの独立を国際舞台で正式に承認することと引き換えに、ロシアから大型の経済支援を取りつけたところです。リン鉱石採掘の本格的な再開には、ナウルの命運がかかっています。地表に近い部分はすでに採掘してしまいましたが、ナウル政府は地中深くに眠るリン鉱石の二次採掘をおこなえば、かなりの収益を上げることができるはずだと期待しています。ナウルは自国の将来を九〇年代の破綻の元凶であるリン鉱石にふたたび託そうとしています。こうした意味で、ナウルは再度、岐路に立っているといえます。しかし、リン鉱石の輸出だけに依存したナウル経済の特殊性とは、数年間ですばやく築いた富がこれまた数年で消滅してしまうということです。これは国土の狭さと人口の少なさにも起因しています。

——本書は日本語以外でも翻訳出版されたそうですが、すでに何カ国語に翻訳されたのですか。

本書には言語を超えた普遍性があると確信していたフランスの原出版社は、絶対に世界中で翻訳されるだろうと期待していたのですが、実際にそのとおりになりました。すでに英語、スペイン語、ドイツ語、韓国語に翻訳されました。

——二〇〇九年六月に出版されてからの、本書に対するフランスでの反響を教えてください。一般の読者だけでなく、経済問題に興味のある読者からの反応も多かったと聞いていますが。

フランスでは、ナウルというヨーロッパから遠い国で起こった惨事について、ほとんどの人が知りませんでした。とくにナウルの難民キャンプの話は衝撃的であったようです。出版後、私はソルボンヌ大学をはじめ、フランス各地で講演会をおこないました。ナウルというちっぽけな島がグローバリゼーションという荒波に飲み込まれ、社会が破壊される様子に関心が集まったようでした。過剰消費といったグローバリゼーションのケーススタディとして関心を持つ読者も多かったようです。具体的な例を挙げると、アメリカの学者ジャレド・ダイアモンドの著書『文明崩壊——滅亡と存亡の命運を分けるもの』（草思社、二〇〇五年）と本書には、多くの共通点があると指摘する人が多かったです。

——本書によると、ナウルという狭い国は、環境危機、経済・財政破綻、過剰消費、生活習慣病など、先進国が抱えるテーマが凝縮した「野外実験場」のようになっているとのことですが、ナウルの悲劇は、対岸の火事ではないと感じた読者もいると思います。こうした感想は、経済危機、政治の機能不全、巨額の政府債務、少子高齢化などに苦しむ私たち日本人だけのものでしょうか。

歴史的に見てナウルの事例は、政治経済の失策によって、きわめて短時間のうちに国が崩壊した稀な例であると思います。たしかに、ナウルはグローバリゼーションの荒波の犠牲者であるとも考えられます。しかし、政治、経済、社会、文化を動かすシステムを担うのは人間です。とくに政治システムを担う政治家の責任は重大です。ナウルが抱える問題の原因は、さまざまな社会システムにあると思います。つまり、世のなかにはシステムを動かす人間の失策から生じた問題を、天災のごとく不可抗力だと信じ込む傾向があります。ナウルにもきちんとした生活を送るチャンスはあったはずですが、リン鉱石マネーを使って社会基盤を整える手はずを怠りました。適当なたとえではないかもしれませんが、宝くじに当選した人が突然大金を手に入れたけれども、おカネの価値がよくわからないうちに、散財してしまったという状況とよく似ていると思います。

——しかし、こうした運命に振りまわされた国民は気の毒でしたね。

その点については、滞在中に出会ったあるナウル人のことを思い出します。彼はリン鉱石の輸出で大金を手に入れたのですが、そのほとんどをナウル銀行に預金しておいたそうです。しかし、一九九九年に銀行が破綻したことから、一文無しになってしまったのです。「大したことじゃないさ。もうすでに充分に楽しんだから」と彼は言っていました。全員とは言いませんがが、ナウルの人々にとって、おカネは大きな意味を持たないのではないかという印象を受けました。絶海の孤島に幽閉されているという生活環境が、おカネに対する見方やおカネが生み出す力に大きな影響を与えていると感じました。おカネがあれば、いろいろなものを買ったり、建設したり、学んだりすることができます。しかし、シドニーから四〇〇〇キロも離れた世界との接触を閉ざされた狭い島国において、おカネがわれわれが利用するのと同じ効力を発揮するとは思えません。

――ナウルの事例からは、多くの教訓を導き出すことができると思いますが、そのなかでも印象的なものを教えていただけませんか。

積極的にナウルの情報を収集し始めると、映画のシナリオのような出来事ばかりで本当に驚きました。実際にナウルを訪ねてとりわけ印象的だったのが、彼らの日常生活でした。役人たちは昼間の仕事が終わると、家族を養うために夕方から釣りに出かけていました。また、米と釣った魚を交換するなど、物々交換が日常的におこなわれていました。一つの教訓としては、「現代において物々交換が復活するのは、社会がどん底に陥ったときである」といったことでしょうか。

――人口の推移は、小国ナウルにとって国家存続のバロメーターであったとの指摘ですが、フランスとは異なり、日本の人口は将来的に急減することがほぼ確実です。日本の経済規模はナウルよりもはるかに大きく、またその構造は多様化されてはいます。しかし、リュックさんが一〇年後に『日本、荒廃した島――資本主義文明がいかにして世界一裕福な国を破綻させたか』という著書を書くことになることは、ありうるでしょうか。

それはまずありえませんね。現在、日本が政治経済で大きな問題を抱え、少子高齢化が急速に進んでいるとしても、莫大な財力を持つ日本が、ナウルのように転覆するようなことはありえないでしょう。日本経済は多様化されている一方で、ナウルの資金源はリン鉱石だけです。リン鉱石事業が不振に陥った途端に、ナウルは破綻しました。日本について、こうした事態は想定できません。

私は日本の専門家ではないので、これ以上は言えませんが、日本とナウルの共通点を見つけ出すことは難しいとはいうものの、唯一の共通点は、第二次世界大戦が両国に残した精神的な傷跡でしょうか。日本には一九四五年に広島と長崎に原爆が投下され、多くの犠牲者が出ました。一方、ナウル国民の八〇パーセントは一九四三年にトラック島へ強制移住させられました。このとき、恐ろしいほどの衝撃を受けた両国は、「今後、このようなことは未来永劫、絶対に避けなければならない」と心に誓ったはずです。戦後、日本の経済と社会の発展は、このトラウマをバネにしたのだと思います。一方、一九六八年に誕生した新しい国ナウルは、こうした過去をすぐに忘却し、確固たる政治・経済・社会システムを築かなかったことから、あぶく銭と物質的な欲望に溺れ、身を滅ぼしたのだと思います。

——たしかに、これまではそのとおりであったのかもしれません。しかし、日本人の記憶から第二次世界大戦の記憶が消えかかっています。これは日本にとって要注意かもしれませんね。最後に、日本の読者へのメッセージをお願いします。

ナウルの歴史からは、多くのことを考えさせられることと思います。本書の目的はナウルの紹介ですが、編集者と相談して情報量に富んだコンパクトな本をつくったつもりです。フランスでは、本書を通じて多くの議論が巻き起こりました。また、あるフランス人読者は、本書を片手にナウルを実際に旅行して本の記述と照らし合わせてみたそうです。少なくともこの読者に対しては、本書出版の目的を果たしたと感じています。本書が日本の読者の皆さんに何らかのかたちでお役に立てば、筆者としては最大の喜びです。

＊

翻訳出版にあたり、編集を担当していただいた新泉社の安喜健人氏には、企画段階から翻訳作業に至るまで大いに励ましていただいた。感謝申し上げる。フォリエ氏が指摘するように、第二次世界大戦のトラウマが日本人の記憶から薄れつつある今日、本書が日本社会を覆う危機の本質について考えるきっかけになれば幸いである。

二〇一〇年一二月

林　昌宏

【著　者】

リュック・フォリエ（Luc Folliet）

1979年フランス生まれ．フリーの映像ジャーナリスト．
グルノーブル政治学院卒業．

【訳　者】

林　昌宏（Masahiro Hayashi）

1965年愛知県生まれ．翻訳家．
立命館大学経済学部経済学科卒業．
訳書：『コーヒー，カカオ，コメ，綿花，コショウの暗黒物語』（ジャン＝ピエール・ボリス，作品社），『世界を壊す金融資本主義』（ジャン・ペイルルヴァッド，NTT出版），『世界エネルギー市場』（ジャン＝マリー・シュヴァリエ，作品社），『21世紀の歴史』（ジャック・アタリ，作品社），『アンデルセン，福祉を語る』（イエスタ・エスピン＝アンデルセン，NTT出版），『迷走する資本主義』（ダニエル・コーエン，新泉社）など多数．

ユートピアの崩壊　ナウル共和国
——世界一裕福な島国が最貧国に転落するまで

2011年2月10日　初版第1刷発行

著　者＝リュック・フォリエ
訳　者＝林　昌宏
発行所＝株式会社 新 泉 社
東京都文京区本郷2－5－12
振替・00170－4－160936番　TEL 03(3815)1662　FAX 03(3815)1422
印刷・製本　シナノ

ISBN978-4-7877-1017-8　C0036